JN430647

친절한영어 제석강

지텔프 문법
출제공식23

제석강 편저

영어 노베이스도 쉽고 빠르게 목표 달성

1 지텔프 시험에 반드시 출제되는 23개의 출제공식 엄선

2 개념부터 출제 유형과 방식, 문제 접근법까지 친절하게 설명

3 연습문제와 실전문제를 수록하여 출제공식 확실하게 체화

단 1초면
풀리는
지텔프 문법

친절한영어 제석강 동영상강의 · 무료강의 · 해설강의 · 다양한 학습
www.modoocop.com | www.modoofire.com | www.modoogun.com

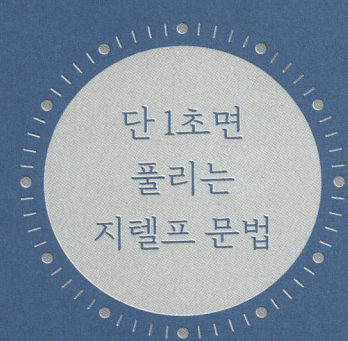
용감한북스

친절한영어 제석강

지텔프 문법
출제공식23

....

초판발행 2022년 01월 14일
편저자 제석강
발행인 양승윤
발행처 ㈜용감한컴퍼니
등록번호 제2016-000098호
전화 070-4603-1578
팩스 070-4850-8623
이메일 book@bravecompany.io
ISBN 979-11-6743-140-0
정가 12,000원

지텔프 문법을 위한 친절한 멘토

경찰, 소방, 군무원 등에서 영어과목이 공인인증시험으로 대체되면서 지텔프의 중요성이 점차 커지고 있습니다. 지텔프는 다른 영어공인시험보다 짧은 시간에 목표점수에 도달할 수 있다고 평가되고 있습니다. 이에 지텔프 목표점수를 달성할 수 있는 효율적인 방법을 제시하기 위해 『지텔프 출제공식 23』을 출간하게 되었습니다.

지텔프에서 문법의 중요성은 아무리 강조해도 지나치지 않습니다. 총 26문항이 출제되며 정확한 공부 방법을 통해 공부하면 영어실력이 다소 부족하더라도 쉽게 정복할 수 있기 때문입니다.

본 교재는 7개의 Chapter로 구성되어 있습니다.
각 Chapter의 처음부분은 출제되는 유형의 개념과 패턴을 알기 쉽게 설명하였습니다. 다음으로 기출문제의 철저하고 정확한 분석을 통해 모든 유형을 〈출제공식〉으로 명확하고 간단하게 정리해 놓았습니다. 그리고 이러한 출제공식을 수험생 자신의 것으로 만들 수 있도록 연습문제와 실전문제를 구성하였습니다.

『지텔프 출제공식 23』은 지텔프 문법 정복을 위한 가장 효과적인 공부 방법을 제시한 책이라 감히 자부합니다.

특히 영어에 자신감이 없는 수험생이더라도 본 교재에 제시되어 있는 23개의 출제공식을 차근차근 여러분의 것으로 만들면 보세요. 문법에 자신감과 재미가 붙으면서 어렵지 않게 목표점수에 다가서게 될 것입니다.

지텔프 목표 점수를 달성하고, 여러분의 꿈을 이루어나가는데 본 교재가 도움이 되기를 진심으로 바랍니다.

2022년 1월 제석강

1 | 지텔프란?

G-TELP(Generakl Tests of English Language Proficiency)는 ITSC (International Testing Services Center, 미국 국제 테스트 연구원)에서 주관하는 국제 공인 영어시험입니다. 현재 우리나라에서는 공무원 영어 대체 시험, 기업체의 신입사원 채용 및 인사 승진 평가시험, 대학교 및 대학원 졸업 자격 영어 대체 시험으로 활용되고 있습니다.

2 | 지텔프의 종류 및 구성

지텔프는 Level 1에서 5까지 다섯 가지 등급의 시험으로 구분되며, 우리나라에서는 Level 2가 활용되고 있습니다.

구분	출제방식 및 시간	평가 기준	합격자의 영어 구사능력
Level 1	· 청취 30문항 · 독해 및 어휘 60문항 · 총 90문항 (100분)	Native Speaker에 준하는 영어 실력: 상담, 토론 가능	· 외국인과 대등한 의사소통 · 국제회의 통역 가능
Level 2	· 문법 26문항 · 청취 26문항 · 독해 및 어휘 28문항 · 총 80문항 (90분)	다양한 상황에서 대화 가능: 업무 상담 및 해외연수 등이 가능한 수준	· 일상생활 및 업무상담 가능 · 외국인과 회의 및 세미나 해외연수 등이 가능
Level 3	· 문법 22문항 · 청취 24문항 · 독해 및 어휘 24문항 · 총 70문항 (80분)	간단한 의사소통과 친숙한 상태에서의 단순 대화 가능	· 간단한 의사소통 가능 · 해외여행과 단순 업무출장이 가능
Level 4	· 문법 20문항 · 청취 20문항 · 독해 및 어휘 20문항 · 총 60문항 (80분)	기본적인 문장을 통해 최소한의 의사소통이 가능한 수준	기본적인 어휘의 짧은 문장을 통해 최소한의 의사소통
Level 5	· 문법 16문항 · 청취 16문항 · 독해 및 어휘 18문항 · 총 50문항 (55분)	극히 초보적인 수준의 의사소통 가능	· 영어 초보자 · 일상의 인사/소개 등을 듣고 이해할 수 있는 수준

3 | 지텔프 Level 2 구성

영역	내용	문항 수	시간	배점
문법	should의 생략 가정법 시제 동명사와 부정사 관계사 조동사 연결어	3문항 6문항 6문항 5문항 2문항 2문항 2문항	영역별 시간제한규정 폐지	100점
청취	Part 1 개인적인 이야기 Part 2 정보를 제공하는 공식적 담화 Part 3 결정을 의논하는 대화 Part 4 일의 진행이나 과정 설명	7문항 6문항 6 또는 7문항 6 또는 7문항		100점
독해 및 어휘	Part 1 인물의 일대기 Part 2 최근 사회 및 기술에 대한 기사 Part 3 일반적인 내용의 백과사전 Part 4 설명 또는 설득하는 상업 서신	7문항 7문항 7문항 7문항		100점

4 | 성적 계산법

지텔프는 자신이 맞춘 문항으로 채점하는 절대평가로 성적을 산정합니다.

각 영역별 점수 : 맞힌 개수 ÷ 문제 개수 × 100 (소수점 이하는 반올림처리)

예시 문법 22개, 청취 6개, 독해 6개

$$22 ÷ 26 × 100 = 85$$
$$6 ÷ 26 × 100 = 23$$
$$6 ÷ 28 × 100 = 21$$
$$(85+23+21) ÷ 3 = 43$$

친절한영어
제석강

단 1초면 풀리는 지텔프 문법

지텔프 문법
출제공식23

should의 생략

개요1 **출제문항 수**

지텔프 문법에서 should의 생략은 문법 26문항 중에서 3문항이 출제된다.

개요2 **should의 생략의 개념**

주장/요구/제안/명령을 나타내는 동사 다음에 that절이 오거나 판단의 형용사 다음에 that절이
오는 경우 that절에 '주어 + should + 동사원형'을 쓰는데 이 때 should가 생략되고 동사원형
을 쓰는 것을 말한다.

① 1단계 : 선택지 (a)~(d)에서 동사원형이 포함되어 있고 선택지의 셋 이상이 동사로 구성되어
있음을 확인한다.

(a) will finish

(b) finishes

(c) finish

(d) is finishing

② 2단계 : 빈칸 앞에 'that+주어'가 있는지 파악하고, that 앞에 주장/요구/제안/명령의 동사 또
는 판단의 형용사가 있는지 확인한다.

· The work supervisor appears to be so strict recently. He now demands that
an employee ＿＿＿＿＿＿ a task before having lunch.

③ 3단계 : 동사원형인 선택지를 선택한다.

(a) will finish

(b) finishes

(c) finish

(d) is finishing

❶ 개념

주장/요구/제안/명령의 동사 다음에 that절이 오거나 또는 판단의 형용사 다음에 that절이 오면, that
절은 당위의 의미를 가지며, 당위의 조동사 should를 쓴다. that절에 '주어 + (should) + 동사원형'에서
should를 생략하므로 동사원형을 쓰게 되는 것을 말한다.

❷ should의 생략의 형태와 출제방식

동사원형을 빈칸으로 해서 출제된다.

① 주장/요구/제안/명령의 동사 + that + 주어 + 동사원형

② 판단형용사 + that + 주어 + 동사원형

❸ 주장/요구/제안/명령 동사

insist(주장하다), urge(촉구하다), stress(강조하다)
ask(요구하다), request(요구하다), require(요구하다)
demand(요구하다), desire(바라다), suggest(제안하다)
propose(제안하다), advise(조언하다), recommend(권고하다),
order(명령하다), command(명령하다), direct(명령하다)
prescribe(지시하다) stipulate(규정하다) 등이 있다.

❹ 판단의 형용사

necessary(필요한), essential(필수적인), imperative(필수적인)
vital(중요한), important(중요한), crucial(중요한), critical(중대한)
best(가장 좋은), compulsory(의무적인), mandatory(의무적인)
urgent(긴급한), advisable(권할만한), desirable(바람직한) 등이 있다.

⑤ 유형

① 「that + 주어 + 동사원형」에서 일반적으로 능동형인 '동사원형'을 쓴다.

· He recommends that the public just use public transportation in the meantime.
  그는 대중이 그 동안에 대중교통을 이용할 것을 권고한다.

· It is necessary that a player train regularly to remain in fighting form.
  선수는 싸울 준비가 되어 있기 위해 규칙적으로 훈련하는 것이 필요하다.

② 「that + 주어 + 동사원형」에서 수동형인 'be p.p.'가 오기도 한다.

· The committee requests that the matter be discussed at the next meeting.
  위원회는 그 문제를 다음 회의에서 토론할 것을 요구한다.

· It is important that all reports be submitted in a timely fashion.
  모든 보고서들이 시기적절하게 제출되는 것이 중요하다.

③ 「that + 주어 + 동사원형」에서 부정문이 올 수 있으며, 이 경우 'not + 동사원형' 또는 'not + be p.p.'를 쓴다.

· The teacher is advising that she not watch television on week nights.
  선생님은 그녀가 주중 밤에는 TV를 보지 말아야 한다고 충고하고 있다.

· It is crucial that emergency patients' care not be delayed because of non-emergency patients.
  응급 환자의 치료가 비응급 환자 때문에 지연되지 않는 것이 중요하다.

▨ 괄호 안에 들어갈 알맞은 것을 고르시오.

01   She advises that Harold (delegate / is delegating) minor tasks to his staff so she can focus on vital matters.

02   She called the manager to request that her interview (be delayed / will be delayed) to July 17.

03   The now boss directed that all the employees (are not missing/ not miss) the meeting.

04   Psychologists recommend that children (are not allowed / not be allowed) to watch violent movies.

05   Experts are urging that the public (come / will come) together in preventing the contagious disease.

01　　**정답**　**delegate**

해석　그녀는 Harold가 중요한 문제에 집중할 수 있도록 중요치 않은 일들을 그의 직원들에게 위임할 것을 충고한다.

해설　'that + 주어 + 동사'에서 that 앞에 주장/요구/제안/명령을 나타내는 advises가 있으므로 should가 생략된 동사원형이 와야 한다. 따라서 괄호 안에는 delegate가 적절하다.

어구　delegate 위임하다　minor 중요치 않은　focus on ~에 집중하다　vital 중요한

02　　**정답**　**be delayed**

해석　그녀는 매니저에게 전화를 걸어 그녀의 면접을 7월 17일로 연기할 것을 요청했다.

해설　'that+주어+동사'에서 that 앞에 주장/요구/제안/명령을 나타내는 request가 있으므로 should가 생략된 동사원형이 와야 한다. 따라서 괄호 안에는 be delayed가 적절하다.

어구　request 요청하다　delay 연기하다

03　　**정답**　**not miss**

해석　신임 사장은 모든 직원들이 그 회의에 빠지지 말 것을 지시했다.

해설　'that+주어+동사'에서 that 앞에 주장/요구/제안/명령을 나타내는 directed가 있으므로 should가 생략된 동사원형이 와야 한다. 따라서 괄호 안에는 not miss가 적절하다.

어구　direct 명령하다, 지시하다

04　　**정답**　**not be allowed**

해석　심리학자들은 아이들이 폭력 영화를 시청하도록 허용되지 않을 것을 권고한다.

해설　'that+주어+동사'에서 that 앞에 주장/요구/제안/명령을 나타내는 recommend가 있으므로 should가 생략된 동사원형이 와야 한다. 따라서 괄호 안에는 not be allowed가 적절하다.

어구　psychologist 심리학자　recommend 권고하다　allow 허용하다　violent 폭력적인

05　　**정답**　**come**

해석　전문가들은 대중들이 전염병을 예방하는데 합심할 것을 촉구하고 있다.

해설　'that+주어+동사'에서 that 앞에 주장/요구/제안/명령을 나타내는 are urging이 있으므로 should가 생략된 동사원형이 와야 한다. 따라서 괄호 안에는 come이 적절하다.

어구　expert 전문가　urge 촉구하다

06 It is urgent that he (show / will show) better leadership to speed up economic recovery.

07 It is necessary that the weeds (will be removed / be removed) at regular intervals.

08 It is best that you (not conceal / are not concealing) the truth to make a compelling argument.

09 It is entirely desirable that workers (not be forced / will not be forced) to work overtime.

10 Studies show that it is important that one (get / gets) sufficient sleep before driving.

06 　정답　 **show**

　해석　 그가 경제 회복의 속도를 높이기 위해서는 더 나은 리더십을 보여주는 것이 시급하다.

　해설　 'that+주어+동사'에서 that 앞에 판단의 형용사인 urgent가 있으므로 should가 생략된 동사원형이 와야 한다. 따라서 괄호 안에는 show가 적절하다.

　어구　 urgent 긴급한, 긴급한 speed up 속도를 높이다 recovery 회복

07 　정답　 **be removed**

　해석　 잡초들이 일정한 간격으로 제거되는 것이 필요하다.

　해설　 'that+주어+동사'에서 that 앞에 판단의 형용사인 necessary가 있으므로 should가 생략된 동사원형이 와야 한다. 따라서 괄호 안에는 be removed가 적절하다.

　어구　 remove 제거하다 at regular intervals 일정한 간격으로, 정기적으로

08 　정답　 **not conceal**

　해석　 설득력 있는 주장을 하기 위해서는 진실을 숨기지 않는 것이 가장 좋다.

　해설　 'that+주어+동사'에서 that 앞에 판단의 형용사인 best가 있으므로 should가 생략된 동사원형이 와야 한다. 따라서 괄호 안에는 not conceal이 적절하다.

　어구　 conceal 숨기다 compelling 설득력 있는 argument 주장

09 　정답　 **not be forced**

　해석　 근로자들이 초과근무를 하도록 강요받지 않는 것은 전적으로 바람직하다.

　해설　 'that+주어+동사'에서 that 앞에 판단의 형용사인 desirable이 있으므로 should가 생략된 동사원형이 와야 한다. 따라서 괄호 안에는 not be forced가 적절하다.

　어구　 desirable 바람직한 force 강요하다 work overtime 초과근무를 하다

10 　정답　 **get**

　해석　 연구들은 운전하기 전에 충분한 수면을 취하는 것이 중요하다는 것을 보여준다.

　해설　 'that+주어+동사'에서 that 앞에 판단의 형용사인 important가 있으므로 should가 생략된 동사원형이 와야 한다. 따라서 괄호 안에는 get가 적절하다.

　어구　 sufficient 충분한

1. A college girl was really upset with her father because he didn't treat his workers well. She demanded that he _____ the profits with the employees. She explained to him how unfairly workers were treated.

   (a) shares
   (b) shared
   (c) will share
   (d) share

2. Nowadays, customers are provided with much more product information than they really need. In order to spend wisely, it is vital that consumers _____ by all the choices they are exposed to.

   (a) are not overcome
   (b) will not be overcome
   (c) not be overcome
   (d) have not be overcome

3. Many people think that the government is spending too much money on education services. Consequently, the president commanded that the Ministry of Education _____ ways to reduce its budget requirements.

   (a) identify
   (b) are identifying
   (c) to identify
   (d) will identify

4. We're expecting a huge crowd at the concert which will be held at Olympic Fencing Stadium. In order to get a good seat, it is necessary that you _____ at the venue four years before the performance starts.

   (a) is arriving
   (b) will arrive
   (c) arrive
   (d) have arrived

5. Coffee Haru, the local coffee shop on Main Street, is facing fierce competition from global brands. It is important that the coffee shop _____ as soon as possible to keep abreast of the market.

   (a) be remodeled
   (b) will be remodeled
   (c) has been remodeled
   (d) is remodeled

6. The company president is speaking to Rachel about her paper on the current market trend. Unfortunately, she did not complete the report yet. He is requiring that the report _____ by next Friday.

   (a) is handed in
   (b) is being handed
   (c) will be handed in
   (d) be handed in

7. Vincent is having difficulty in deciding whether to accept a new job offer. His wife says that it is essential that he carefully _____ the pros and cons of the job before making the decision.

   (a) weighs
   (b) weigh
   (c) is weighing
   (d) will weigh

8. On the day of surgery a few minutes before my wife went into the operating room, a physician's assistant asked that she _____ a consent form for the surgery. When she refused, the anesthesiologist threatened to cancel the operation.

   (a) signed
   (b) was signing
   (c) sign
   (d) signs

9. The New York Yankees trainer discovered that star pitcher Gerrit Cole had a slight knee injury. He suggested that the athlete _____ in any games for three weeks to allow it to recover.

   (a) not play
   (b) will not play
   (c) would not play
   (d) is not playing

10. Over 300,000 road traffic accidents that occur in the United States are ascribed to the use of cell phones while driving. As a precaution, authorities are urging that the use of the phone _____ while behind the wheel to avoid getting distracted.

    (a) are not banned
    (b) not be banned
    (c) will not be banned
    (d) was not be banned

11. The city has trouble dealing with the growing number of illegal immigrants. Although the mayor promises to maintain public order and security, it is really urgent that more police officers _____ throughout the city.

    (a) are stationed
    (b) be stationed
    (c) were stationed
    (d) would be stationed

12. Many roads in the city are so narrow that there are traffic jams at all hours of the day and night. While residents have sent request letters for road construction, many urban planners think it is advisable that people _____ their cars.

    (a) will not use
    (b) are not using
    (c) do not use
    (d) not use

13. A luxury brand store reported a burglary to the police yesterday morning. The police officers who arrived at the store requested that the store _____ the CCTV footage of the day the incident happened.

    (a) submits
    (b) will submit
    (c) submit
    (d) to submit

14. My aunt Martha suffered terrifying chest pains last Thursday. When she was taken to the University of Kentucky Hospital in Lexington, her doctor told her it was imperative that she _____ heart surgery at once.

    (a) undergo
    (b) underwent
    (c) was undergoing
    (d) had undergone

15. More and more children are becoming overweight or obese because of the unhealthy foods they eat. To solve this problem, nutrition experts recommend that kids _____ a balanced and healthy diet instead of fast food.

    (a) are eating
    (b) eat
    (c) will eat
    (d) have eaten

16. Marianne is concerned about her husband's workaholism. He often works overtime in the evening and on the weekends, and even bring work home with him from the office. She is advising that he _____ workload to stay healthy.

    (a) will reduce
    (b) reduces
    (c) is reducing
    (d) reduce

17. Many successful people stress the importance of getting into good habits. It is highly recommended that one _____ a reading habit from an early age so that reading becomes second nature.

    (a) to cultivate
    (b) cultivate
    (c) is cultivating
    (d) has cultivated

18. Sarah would like to mail this package to New York. The parcel must arrive at her office without delay and with the contents undamaged. It is crucial that the sales manager _____ the box in time to proceed with the project.

    (a) will receive
    (b) is receiving
    (c) receive
    (d) receives

가정법

개요1 **출제문항 수**

지텔프 문법에서 가정법은 문법 26문항 중에서 6문항이 출제된다. 대개 가정법 과거가 3문항, 가정법 과거완료가 3문항으로 출제된다.

개요2 **가정법의 개념**

현재 또는 과거의 상황과 반대되는 경우를 가정하여 표현하는 것을 가정법이라고 한다.

① 가정법 과거 : 현재 상황에 대한 반대를 가정한다.
 · 만약 내가 너라면, 그 직책에 지원할 텐데.
② 가정법 과거완료 : 과거 상황에 대한 반대를 가정한다.
 · 만약 내가 너였더라면, 그 직책에 지원했을 텐데.

문제 풀이 단계

① 1단계 : 선택지 (a)~(d)가 모두 동사로 구성되어 있음을 확인한다.
  (a) will take
  (b) had taken
  (c) are taking
  (d) would take

② 2단계 : 빈칸이 포함된 문장에 if I were를 통해 가정법 문제임을 확인한다.
  · Catherine has decided to take a train to Seattle next Wednesday to attend the meeting. **If I were** her, I _____ an airplane to arrive earlier.

③ 3단계 : 가정법 공식에 일치하는 선택지를 선택한다.
  (a) will take
  (b) had taken
  (c) are taking
  (d) would take

❶ 개념

현재의 상황을 반대로 가정할 때 표현하는 방법이다.

❷ 가정법 과거의 형태와 출제방식

if절이 앞에 나오는 경우가 많지만 때때로 if절이 뒤에 오기도 한다.
if절의 동사 또는 주절의 동사를 빈칸으로 해서 출제된다.

① If + 주어 + 과거동사 ~, 주어 + would/could/might + 동사원형 ~
     만약 ~ 라면   ~할 텐데

② 주어 + would/could/might + 동사원형 ~ if + 주어 + 과거동사 ~
      ~할 텐데   만약 ~ 라면

❸ 유형

① 「if + 주어 + 과거동사」에서 be동사의 경우 'were'를 쓴다.

· If he **were** not working the night shift, he **could go** to the movies this evening.

만약 그가 야간근무를 하지 않는다면, 그는 오늘밤 영화를 보러 갈 수 있을 텐데.

② 「if + 주어 + 과거동사」에서 일반동사의 경우 '과거형'을 쓴다.

· If I **had** a yacht, I **would visit** these islands for days on end.

만약 나에게 요트가 있다면, 나는 며칠 동안 계속 이 섬들을 방문할 텐데.

③ 「if + 주어 + 과거동사」에서 'could 동사원형'이 오기도 한다.

· If she **could live** elsewhere, she **would choose** the charming rural area.

만약 그녀가 다른 곳에서 살 수 있다면, 그녀는 매력적인 시골 지역을 선택할 텐데.

④ if절의 동사가 were인 경우 if를 생략하고 were를 주어 앞으로 도치할 수 있다. 출제 가능성이 아주 낮은 유형이다.

· If I were a bird, I would fly to you.

= **Were** I a bird, I would fly to you.

만약 내가 새라면, 너에게 날아갈 텐데.

▨ 괄호 안에 들어갈 알맞은 것을 고르시오.

01   If he weren't sick, he (is riding / could ride) his bike to the park to see the concert.

02   The workers (stop / would stop) protesting vigorously if management were to give the pay raise.

03   If he had a lot of money, he (would buy / would have bought) the luxury car.

04   If she could prioritize her tasks, she (accomplished / would accomplish) the project in time.

05   She wouldn't have to rely on public transportation to go to work if she (are to overcome / could overcome) her fear of driving.

01 **정답** **could ride**

해석 만약 그가 아프지 않다면, 그는 그 콘서트를 보기 위해 공원으로 자전거를 타고 갈 수 있을 텐데.

해설 If절에 가정법 과거를 나타내는 If he weren't가 있으므로 주절의 동사에는 could ride가 들어가야 적절하다.

어구 ride a bike 자전거를 타다

02 **정답** **would stop**

해석 만약 경영진이 임금을 인상해 준다면, 근로자들은 격렬하게 항의하는 것을 멈출 것이다.

해설 If절에 가정법 과거를 나타내는 if management were가 있으므로 주절의 동사에는 would stop이 들어가야 적절하다.

어구 protest 항의하다, 시위하다 vigorously 격렬하게 management 경영진

03 **정답** **would buy**

해석 만약 그에게 많은 돈이 있다면, 그는 고급 자동차를 살 텐데.

해설 If절에 가정법 과거를 나타내는 If he had가 있으므로 주절의 동사에는 would buy가 들어가야 적절하다.

어구 luxury 호화로움, 사치

04 **정답** **would accomplish**

해석 만약 그녀가 자신의 일들의 우선순위를 매길 수 있다면, 그녀는 그 프로젝트를 제때에 완수할 수 있을 것이다.

해설 If절에 가정법 과거를 나타내는 If she could prioritize가 있으므로 주절의 동사는 would accomplish가 들어가야 적절하다.

어구 prioritize 우선순위를 매기다 accomplish 완수하다, 성취하다 in time 제때에

05 **정답** **could overcome**

해석 만약 그녀가 운전에 대한 두려움을 극복할 수 있다면, 그녀는 직장에 가기 위해 대중교통에 의존할 필요가 없을 것이다.

해설 주어진 문장에 If가 있으면서 주절에 'would 동사원형'의 형태인 wouldn't have가 있으므로 If절에는 가정법 과거를 만드는 could overcome이 들어가야 적절하다.

어구 overcome 극복하다 fear 두려움 rely on ~에 의존하다 public transportation 대중교통

❶ 개념

과거의 상황을 반대로 가정할 때 표현하는 방법이다.

❷ 가정법 과거완료의 형태와 출제방식

if절이 앞에 나오는 경우가 많지만 때때로 if절이 뒤에 오기도 한다.
if절의 동사 또는 주절의 동사를 빈칸으로 해서 출제된다.

① If + 주어 + had p.p. ~, 주어 + would/could/might + have p.p. ~
　　 만약 ~ 했다면　　　　　　　　　　　　　　 ~했을 텐데

② 주어 + would/could/might + have p.p. ~ if + 주어 + had p.p. ~
　　 ~했을 텐데　　　　　　　　　　　　　　 만약 ~ 했다면

❸ 유형

① 일반적 유형

· If the company **had invested** more in R&D, the product **would have had** a better chance of succeeding.

만약 그 회사가 연구 개발에 더 많이 투자했더라면, 그 제품은 성공할 가능성이 더 많았을 것이다.

② 가정법 과거완료에서 if를 생략할 수 있으며 이 경우 'had + 주어 + p.p.'의 형태가 된다.

· If I had heard the weather forecast, I wouldn't have gone to the beach.

= **Had I heard** the weather forecast, I wouldn't have gone to the beach.

만약 내가 일기예보를 들었더라면, 나는 해변에 가지 않았을 것이다.

③ if it were not for(~이 없다면)와 if it had not been for(~이 없었다면)는 if not for의 형태로 쓰기도 한다. 출제가능성이 아주 낮은 유형이다.

· If it had not been for your help, he could not have succeeded in the business.

= **If not for** your help, he could not have succeeded in the business.

만약 당신의 도움이 없었더라면, 그는 사업에서 성공하지 못했을 것이다.

▨ 괄호 안에 들어갈 알맞은 것을 고르시오.

01 　　If her trip had been a little longer, she (would visit / would have visited) her uncle in Chicago.

02 　　I probably (have participated / would have participated) in the event if I had not felt so tired after working out,

03 　　If the insurance agent (was guaranteeing / had guaranteed) a consistent return on his investment, he would have bought the agent's mutual fund package

04 　　Her depression would have gotten worse if she (would keep / had kept) all her pain to herself,

05 　　Had I realized that the distance was actually over 5,000 kilometers, I (did not attempt / would not have attempted) my voyage.

01 　**정답**　**would have visited**

　해석　만약 그녀의 여행이 조금 더 길었더라면, 그녀는 시카고에 있는 그녀의 삼촌을 방문했을 것이다.

　해설　If절에 가정법 과거완료를 나타내는 If her trip had been이 있으므로 주절의 동사에는 would have visited가 들어가야 적절하다.

　어구　visit 방문하다

02 　**정답**　**would have participated**

　해석　만약 내가 운동 후에 그렇게 피곤하지 않았더라면, 나는 아마 그 행사에 참석했을 것이다.

　해설　If절에 가정법 과거완료를 나타내는 if I had not felt가 있으므로 주절의 동사에는 would have participated가 들어가야 적절하다.

　어구　work out 운동하다　participate in ~에 참석하다

03 　**정답**　**had guaranteed**

　해석　만약 그 보험설계사가 그의 투자에 대한 일관된 수익을 보장했더라면, 그는 그 설계사의 뮤추얼 펀드 패키지를 매입했을 것이다.

　해설　주어진 문장에 If가 있으면서 주절에 'would have p.p.'의 형태인 would have bought가 있으므로 If절에는 가정법 과거완료를 만드는 had kept가 들어가야 적절하다.

　어구　insurance agent 보험설계사　guarantee 보장하다　consistent 일관된　return 수익　mutual fund 뮤추얼 펀드

04 　**정답**　**had kept**

　해석　만약 그녀가 자신의 모든 고통을 비밀로 했더라면, 그녀의 우울증은 악화되었을 것이다.

　해설　주어진 문장에 If가 있으면서 주절에 'would have p.p.'의 형태인 wouldn't have gotten이 있으므로 If절에는 가정법 과거완료를 만드는 had kept가 들어가야 적절하다.

　어구　keep to oneself 비밀로 하다, 혼자 간직하다　depression 우울증

05 　**정답**　**would not have attempted**

　해석　만약 내가 그 거리가 실제로 5,000킬로미터 이상이라는 것을 알았더라면, 나는 나의 항해를 시도하지 않았을 것이다.

　해설　가정법 과거완료 구문에서 if가 생략된 'had 주어 p.p.'의 형태인 Had I realized가 있으므로 주절의 동사에는 would not have attempted가 들어가야 적절하다.

　어구　realize 깨닫다, 알아차리다　distance 거리　attempt 시도하다　voyage 항해

1. Robert was anxious to put through the business deal. However, he caught the flu and missed the appointment. If he hadn't looked so sick, he _____ with the client to achieve the deal.

    (a) had met
    (b) would meet
    (c) would have met
    (d) was meeting

2. Bruce used to be one of the best tennis players in the country. However, he is now retired and has problems with his ankles and knees. If he could still play, he _____ part in the Olympic Games.

    (a) had taken
    (b) would take
    (c) would have taken
    (d) is taking

3. Martha, a fashion designer and writer for the ladies' magazine, doesn't often meet the monthly deadlines set by her editor. This _____ if she weren't busy doing household chores.

    (a) isn't happening
    (b) wasn't happening
    (c) didn't happen
    (d) wouldn't happen

4. Because Martin had a hard time finding reference data supporting his idea, he handed in his sociology essay a day behind schedule. He would have got a higher grade for the assignment if the essay _____ on time,

    (a) was submitted
    (b) has be submitted
    (c) would be submitted
    (d) had been submitted

5. I don't feel inclined to exercise in the gym since it can be loud and crowded. I _____ it a rule to jog early in the morning if there were a nice park near my house. For now, however, I'll just continue doing jump rope in my front yard.

    (a) am making
    (b) will make
    (c) would make
    (d) would have made

6. An IT company in Seattle wanted to hire me as a programmer, but I had no choice but to decline the offer. If the company _____ to my desired salary, I would have accepted the job without slightest hesitation.

    (a) had agreed
    (b) agreed
    (c) were agreeing
    (d) would agree

7. Sperm whales are now being considered an endangered species by the International Union for the Conservation of Nature. If we made a lot of effort, the whales _____ an easier time giving birth to babies and rearing them.

(a) had
(b) would have
(c) will have
(d) was having

8. Kevin's grandmother keeps telling him to visit her more often. However he has trouble finding time to do so because of his tight schedule. If he _____ a lighter workload, he would spend more time with her.

(a) had
(b) will have
(c) would have had
(d) is having

9. My friend Julia spent most of her salary on fashionable clothes and shoes, so she wasn't able to pay her credit card bills last month. Had she not purchased them, she _____ enough money to pay her bills.

(a) had
(b) would have
(c) would have had
(d) was having

10. Patrick suffered a minor injury to his arm because of a defective drill. He wanted to sue the company that had manufactured the product, but found the lawyer's fee to be too expensive. If he _____ it, he would bring an action for damages.

(a) could afford
(b) can afford
(c) affords
(d) had afforded

11. Jessica is having difficulty in her math classes, chiefly because she hardly do exercises. If she studied harder, she _____ it easier to catch up with the classes.

(a) found
(b) will find
(c) would find
(d) would have found

12. ABC news reported that the airplane went out of control and crashed because of engine trouble. People say that the accident _____ if the airplane company had checked the engine carefully.

(a) wouldn't happen
(b) didn't happen
(c) wasn't happening
(d) wouldn't have happened

13. Casey had a big argument with her classmate once again. If I _____ how serious the situation was, I would have tried to find ways to help her. However, teachers didn't call me at all.

    (a) realized
    (b) had realized
    (c) was realizing
    (d) would realize

14. Justin forgot to buy a pair of pliers yesterday. Although he doesn't have the tool, he is still continuing to work. Were I him, I _____ the implement to make the work progress smoothly.

    (a) would buy
    (b) would have bought
    (c) will buy
    (d) am buying

15. Gordon is trying to building a dancing robot for the science fair. However, he barely has fifteen days to finish the project. He _____ the robot and possibly win the first prize if he had more time.

    (a) is completing
    (b) completed
    (c) had completed
    (d) could complete

16. A masked man attempted to rob a convenience store on Fifth Avenue last night. The robber _____ the store's cash if an off-duty police officer, who was dropping by to get some snacks, had managed to arrest him.

    (a) was taking
    (b) would take
    (c) would have taken
    (d) has taken

17. Brandon wishes that she had better self-control over his emotions. If he had not betrayed his feelings during the meeting yesterday, he _____ a million-dollar deal with the partner.

    (a) closed
    (b) has closed
    (c) was closing
    (d) could have closed

18. Joan is upset to discover that he will not be able to prepare a fine dinner for her family because her electric cooker has suddenly broken. She could cook a nice meal if only the cooker _____ properly.

    (a) is working
    (b) were working
    (c) had worked
    (d) will work

/ MEMO /

시제

개요1 **출제문항 수**

지텔프 문법에서 시제는 문법 26문항 중에서 6문항이 출제된다. 현재진행 시제, 과거진행 시제, 미래진행 시제, 현재완료진행 시제, 과거완료진행 시제, 미래완료진행 시제가 각각 1문항씩 출제된다.

개요2 **시제의 개념**

동사의 시제란 주어의 동작이나 상태의 시간적 특성을 나타내는 것을 말한다.

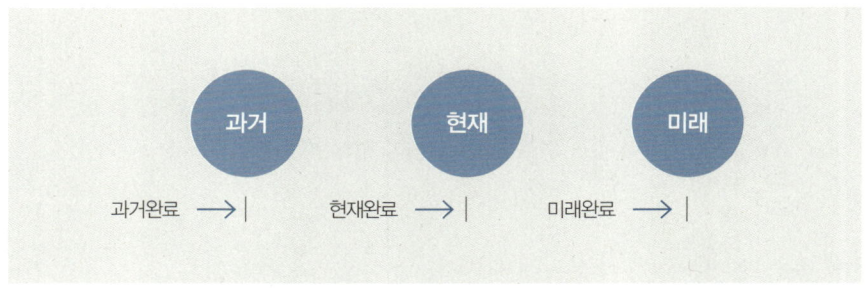

① 현재 시제 : 현재의 동작이나 상태를 의미한다.
② 과거 시제 : 과거의 동작이나 상태를 의미한다.
③ 미래 시제 : 미래의 동작이나 상태를 의미한다.
④ 현재완료 시제 : 과거에서 현재까지의 동작이나 상태를 의미한다.
⑤ 과거완료 시제 : 대과거에서 과거까지의 동작이나 상태를 의미한다.
⑥ 미래완료 시제 : 과거/현재에서 미래까지의 동작이나 상태를 의미한다.

지텔프 문법

지텔프 문법에서는 진행 시제가 출제되며 진행 중인 동작을 나타낸다.

① 현재진행 시제 : am/are/is + ~ing로 나타낸다.
② 과거진행 시제 : was/were + ~ing로 나타낸다.
③ 미래진행 시제 : will be + ~ing로 나타낸다.
④ 현재완료진행 시제 : have/has been + ~ing로 나타낸다.
⑤ 과거완료진행 시제 : had been + ~ing로 나타낸다.
⑥ 미래완료진행 시제 : will have been + ~ing로 나타낸다.

개요4 **문제 풀이 단계**

① 1단계 : 선택지 (a)~(d)가 모두 동사로 구성되어 있음을 확인한다.

  (a) will already work
  (b) is already working
  (c) will already be working
  (d) already worked

② 2단계 : 빈칸이 포함된 문장에서 should의 생략이나 가정법 문법이 아니면 시제를 묻는 문제가 되며, 선택지 (a)~(d)에서 지텔프 문법의 정답이 아닌 유형은 지운다.

  (a) will already work X
  (b) is already working
  (c) will already be working
  (d) already worked X

③ 3단계 : 시제의 단서가 되는 표현을 찾고, 시제 공식에 일치하는 선택지를 선택한다.
  · Her shift at the restaurant starts at 7:00 p.m. She _____ if you arrive there later than that.

  (a) will already work
  (b) is already working
  (c) will already be working
  (d) already worked

④ 4단계 : 시제 공식에 해당하는 표현이 없는 경우 해석을 통해 풀거나 또는 각각의 진행 시제가 1문항씩 출제되므로 정답으로 나오지 않은 선택지를 선택하면 된다.

❶ 개념

현재 시점에 진행되고 있는 동작을 나타내며, 동사의 형태는 'am/are/is + ~ing'로 나타내며 '~하고 있다'로 해석한다.

❷ 현재진행 시제의 형태와 출제 방식

현재진행 시제를 나타내는 단서와 함께 쓰이며 주어 다음에 동사를 빈칸으로 해서 출제된다.

① 현재진행 시제 단서, 주어 + am/are/is ~ing
② 주어 + am/are/is ~ing + 현재진행 시제 단서
③ 현재진행 시제의 단서인 now 또는 currently는 선택지인 (a)~(d)에 있을 수도 있다.

❸ 현재진행 시제 단서

· now(지금), right now(지금), currently(현재)
· at the/this moment(바로 지금), as of this moment(지금 이 순간)
· these days(요즘), nowadays(요즘) 등이 있다.

❹ 예문

· Currently, He **is studying** about public policy and behavioral economics.
  현재, 그는 공공 정책과 행동경제학에 대해 공부하고 있다.

· This is because More and more people **are shopping** online nowadays.
  이것은 점점 더 많은 사람들이 요즘 온라인 쇼핑을 하고 있기 때문이다.

· She **is now looking** for a good cooking school to enroll in.
  그녀는 지금 등록하기에 좋은 요리학원을 찾고 있다.

❶ 개념

과거 시점에 진행되고 있는 동작을 나타내며, 동사의 형태는 'was/were + ~ing'로 나타내며 '~하고 있었다'로 해석한다.

❷ 과거진행 시제의 형태와 출제 방식

과거진행 시제를 나타내는 단서와 함께 쓰이며 주어 다음에 동사를 빈칸으로 해서 출제된다.

① 주어 + was/were ~ing + when(때) + 주어 + 과거동사
② when + 주어 + 과거동사, 주어 + was/were ~ing
③ 주어 + 과거동사 + while(동안) + 주어 + was/were ~ing
④ while + 주어 + was/were ~ing, 주어 + 과거동사
⑤ 주어 + was/were ~ing + 여타 과거진행 시제 단서

❸ 여타 과거진행 시제 단서

yesterday(어제), last ~(지난~), ~ago(~전에), at that time(그때) 등이 있다.

❹ 예문

· She **was driving** with her husband when she witnessed the accident.
그녀가 그 사고를 목격했을 때, 그녀는 남편과 함께 운전하고 있었다.

· I saw him this afternoon while he **was drinking** coffee at the cafe,
오늘 오후 그가 카페에서 커피를 마시고 있는 동안, 나는 그를 보았다.

· While he **was walking** home from school, he found a bag full of dollar bills.
그가 학교에서 집으로 걸어오고 있는 동안, 달러지폐로 가득 찬 가방을 발견했다.

① 개념

미래 시점에 진행되고 있는 동작을 나타내며, 동사의 형태는 'will be + ~ing'로 나타내며 '~하고 있을 것이다'로 해석한다.

② 미래진행 시제의 형태와 출제 방식

미래진행 시제를 나타내는 단서와 함께 쓰이며 주어 다음에 동사를 빈칸으로 해서 출제된다.

① 주어 + will be ~ing + <u>시간/조건 부사절접속사 + 주어 + 현재동사</u>
② <u>시간/조건 부사절접속사 + 주어 + 현재동사</u> + 주어 + will be ~ing
③ 주어 + will be ~ing + <u>여타 미래진행 시제 단서</u>

③ 시간/조건 부사절 접속사와 여타 미래진행 시제 단서

① 시간/조건 부사절 접속사에는 when(때), as(때, 동안), after(후에), before(전에), until(까지), by the time(까지, 때쯤), as soon as(하자마자), if(라면) 등이 있다.
② 여타 미래진행 시제 단서에는 tomorrow(내일), next+시간명사(다음~에), until/by + 미래시점(~까지), starting/beginning+미래시점(~부터), in the future(미래에) 등이 있다.

④ 예문

· Marco **will still be cleaning** the house <u>when his parents arrive</u>.
부모님이 도착할 때, Marco는 여전히 집을 청소하고 있을 것이다.

· <u>If you want</u> to meet her, she **will be reading** the book in the library this afternoon.
네가 그녀를 만나기를 원한다면, 그녀는 오늘 오후 도서관에서 책을 읽고 있을 것이다.

· I **will be staying** with him <u>until midnight</u> reviewing my physics notes.
나는 물리학 노트를 복습하면서 자정까지 그와 함께 머물러 있을 것이다.

▨ 괄호 안에 들어갈 알맞은 것을 고르시오.

01 Right now, my mother (is shopping / was shopping) for Christmas decorations at Dover Street Market.

02 Soon after, Michael (is approaching / was approaching) his house when the brakes failed.

03 If you arrive at the restaurant later than usual, she (is already working / will already be working).

04 The committee (is currently discussing / was currently discussing) whether to change this policy.

05 While she (is waiting / was waiting) for the bus, the pain became worse and she returned to her house.

06 Fred Allen (is staying / will be staying) at the Hamilton Hotel when you look for him.

01 　정답　**is shopping**
　해석　지금, 나의 어머니는 도버 거리 시장에서 크리스마스 장식을 쇼핑하고 있다.
　해설　현재진행시제의 단서인 Right now가 있으므로 괄호 안에는 is shopping이 적절하다.
　어구　decoration 장식

02 　정답　**was approaching**
　해석　얼마 안 되어, 브레이크가 고장 났을 때, Michael은 자신의 집으로 다가가고 있었다.
　해설　과거진행시제의 단서인 when the brakes failed가 있으므로 괄호 안에는 was approaching이 적절하다.
　어구　soon after 얼마 안 되어　approach 다가가다　fail 고장 나다

03 　정답　**will already be working**
　해석　네가 평소보다 늦게 식당에 도착한다면, 그녀는 이미 일하고 있을 것이다.
　해설　미래진행시제의 단서인 if you arrive가 있으므로 괄호 안에는 will already be working이 적절하다.
　어구　than usual 평소보다

04 　정답　**is currently discussing**
　해석　위원회가 이 정책을 변경할 것인지 현재 논의하고 있다.
　해설　현재진행시제의 단서인 currently가 있으므로 괄호 안에는 is currently discussing이 적절하다.
　어구　committee 위원회　currently 현재

05 　정답　**was waiting**
　해석　그녀가 버스를 기다리고 있는 동안, 고통이 더 심해졌고 그녀는 자신의 집으로 돌아갔다.
　해설　과거진행시제의 단서인 While과 the pain became이 있으므로 괄호 안에는 was waiting이 적절하다.
　어구　pain 고통　worse 더 나쁜, 더 심한

06 　정답　**will be staying**
　해석　네가 그를 찾을 때면, Fred Allen은 해밀턴 호텔에 머물고 있을 것이다.
　해설　미래진행시제의 단서인 when you look이 있으므로 괄호 안에는 will be staying이 적절하다.
　어구　look for ~을 찾다

❶ 개념

과거에서 현재까지 진행되고 있는 동작을 나타내며, 동사의 형태는 'have/has been + ~ing'로 나타내며 '~해오고 있다'로 해석한다.

❷ 현재완료진행 시제의 형태와 출제 방식

현재완료진행 시제를 나타내는 단서와 함께 쓰이며 주어 다음에 동사를 빈칸으로 해서 출제된다.

① 주어 + have/has been ~ing + 현재완료진행 시제 단서
② 현재완료진행 시제 단서, 주어 + have/has been ~ing

❸ 현재완료진행 시제 단서

① since + 주어 + 과거동사 : ~이래로, ~부터 줄곧
② since + 과거시점 : ~이래로, ~부터 줄곧
③ for + 기간 + (now) : (지금) ~동안
④ lately : 최근에

❹ 예문

· She has been moving from one city to the next since she was a child.
그녀는 아이였을 때부터 줄곧, 한 도시에서 다음 도시로 이사해오고 있다.

· Samuel has been practicing his speech for two weeks now.
Samuel은 지금 2주 동안 자신의 연설을 연습해 오고 있다.

· He has been showing some rude and obnoxious behavior lately.
그는 최근 무례하고 불쾌한 행동을 보이고 있다.

1 **개념**

대과거에서 과거까지 진행되고 있는 동작을 나타내며, 동사의 형태는 'had been + ~ing'로 나타내며 '~해오고 있었다'로 해석한다.

2 **과거진행 시제의 형태와 출제 방식**

과거완료진행 시제를 나타내는 단서와 함께 쓰이며 주어 다음에 동사를 빈칸으로 해서 출제된다.

① 주어 + had been ~ing + 과거완료진행 시제 단서
② 과거완료진행 시제 단서, 주어 + had been ~ing

3 **여타 과거진행 시제 단서**

① for 기간 + when + 주어 + 과거동사
② (for 기간) + before + 주어 + 과거동사
③ (for 기간) + by the time/until + 주어 + 과거동사
④ (for 기간) + before/prior to + 과거시점
⑤ (for 기간) + until + 과거시점

4 **예문**

· She **had been teaching** here for 20 years when he retired two weeks ago.
　그녀가 2주 전에 은퇴했을 때, 20년 동안 이곳에서 가르치고 있었다.

· Before the airline cancelled the flight, he **had been waiting** for three hours.
　항공사가 그 항공편을 취소하기 전에 그녀는 5시간 동안 기다리고 있었다.

· Matthew **had been cheating** this way for three months prior to being caught.
　Matthew는 잡히기 전에 3개월 동안 이런 방식으로 부정행위를 하고 있었다.

❶ 개념

과거/현재에서 미래까지 진행되고 있는 동작을 나타내며, 동사의 형태는 'will have been + ~ing'로 나타내며 '~해오고 있을 것이다'로 해석한다.

❷ 미래완료진행 시제의 형태와 출제 방식

미래완료진행 시제를 나타내는 단서와 함께 쓰이며 주어 다음에 동사를 빈칸으로 해서 출제된다.

① 주어 + will have been ~ing + <u>미래완료진행 시제 단서</u>
② <u>미래완료진행 시제 단서</u>, 주어 + will have been ~ing

❸ 미래완료진행 시제 단서

① for 기간 + when + 주어 + 현재동사
② for 기간 + before + 주어 + 현재동사
③ for 기간 + by the time/until + 주어 + 현재동사
④ for 기간 + by(까지, 쯤) + 미래시점

❹ 예문

· She **will have been lecturing** here <u>for 20 years</u> <u>when she retires</u> in two years
그녀가 2년 후에 은퇴할 때면, 여기서 20년 동안 강의해 오고 있을 것이다.

· <u>By the time he receives</u> his promotion, he **will have been** working <u>for 10 years</u>.
그가 승진할 때쯤이면, 10년 동안 일해 오고 있을 것이다.

· Alfred **will have been painting** the house <u>for three weeks month</u> <u>by next week</u>.
Alfred는 다음 주쯤이면 두 달 동안 집을 페인트칠해 오고 있을 것이다.

/ MEMO /

▨ 괄호 안에 들어갈 알맞은 것을 고르시오.

01   The football player (has been showing / had been showing) his amazing skill since the season started.

02   The residents (have been complaining / had been complaining) about traffic congestion for over two years when the council decided to widen the roads.

03   By the time she ends her shift tonight, she (has been working / will have been working) for 12 hours straight.

04   I (have been reading / had been reading) his novel, the Chamber for three weeks now.

05   Sharon (has been advocating / had been advocating) for the rights of indigenous people until the time she died.

06   Carrie (has been eating / will have been eating) only fruits and vegetables for almost two years before she reaches her ideal weight.

01 **정답** **has been showing**

해석 그 축구선수는 시즌이 시작된 이래로 자신의 놀라운 기량을 보여주고 있다.

해설 현재완료진행시제의 단서인 since the season started가 있으므로 괄호 안에는 has been showing이 적절하다.

어구 amazing 놀라운

02 **정답** **had been complaining**

해석 지방의회가 도로를 넓히기로 결정했을 때, 주민들은 거의 2년 이상 동안 교통정체에 대해 불평하고 있었다.

해설 과거완료진행시제의 단서인 for almost two years와 when the council decided가 있으므로 괄호 안에는 had been complaining이 적절하다.

어구 resident 주민 complain 불평하다 traffic congestion 교통정체 council 지방의회

03 **정답** **will have been working**

해석 그녀가 교대근무를 끝낼 때쯤이면, 그녀는 12시간 동안 내리 일하는 중일 것이다.

해설 미래완료진행시제의 단서인 By the time she ends와 for 12 hours가 있으므로 괄호 안에는 will have been working이 적절하다.

어구 shift 교대근무 straight 내리, 계속하여

04 **정답** **have been reading**

해석 나는 지금 3주 동안 그의 소설인 the Chamber를 읽고 있고 있다.

해설 현재완료진행시제의 단서인 for three weeks now가 있으므로 괄호 안에는 have been reading이 적절하다.

05 **정답** **had been advocating**

해석 Sharon은 그녀가 죽을 때까지 토착민들의 권리를 지지해 오고 있었다.

해설 과거완료진행시제의 단서인 until the time she died가 있으므로 괄호 안에는 had been advocating이 적절하다.

어구 advocate 지지하다 right 권리 indigenous 토착의

06 **정답** **will have been eating**

해석 Carrie는 자신의 이상적인 체중에 도달하기 전에 거의 2년 동안 단지 과일과 야채만 먹고 있을 것이다.

해설 미래완료진행시제의 단서인 for almost two years와 before she reaches가 있으므로 괄호 안에는 will have been eating이 적절하다.

어구 vegetable 야채 ideal 이상적인

1. Roy is earnestly pursuing his dream of becoming an actor. He _____ acting at Lee Strasberg's Actors' Studio for five months now. While there, he is building up practical experience and developing his acting ability.

    (a) studied
    (b) are studying
    (c) will be studying
    (d) has been studying

2. Camille has told everyone in the office about seeing supermodel Naomi Campbell. She has always dreamed of a glamorous life as an model. Camille _____ coffee at a lakeside cafe when she spotted the famous model.

    (a) has drunk
    (b) had been approaching
    (c) would drink
    (d) was drinking

3. Sean is watching a baseball game on TV. He has always said that baseball is his favorite sport. The game will last for hours, and by the time it ends around 11 o'clock, he _____ on the sofa for three hours.

    (a) is sitting
    (b) will be sitting
    (c) will have been sitting
    (d) has sat

4. Researchers have found that people who make it a rule to take a walk in the park have fewer health problems than those who don't. On this basis, some doctors _____ their patients to enjoy walking in the park.

    (a) will now advise
    (b) are now advising
    (c) have now advised
    (d) now advised

5. Spencer wanted to build more schools that would provide free education to children. He _____ for this idea to the public for years before attracting the attention of the press last year.

    (a) had been advocating
    (b) was advocating
    (c) has advocated
    (d) would be advocating

6. Katherine was offered the position of editor for a new political journal yesterday. If she takes up the job offer, she _____ to Washington D.C. with her children before the end of this month.

    (a) moves
    (b) will be moving
    (c) has been moving
    (d) was moving

7. There was a terrible traffic jam last night, and I took a detour, but it didn't work out at all. I was late for the appointment with my friends. When I finally got to the restaurant, they _____ about me for half an hour.

    (a) complained
    (b) have been complaining
    (c) would complain
    (d) had been complaining

8. Julie wins a favorable response from students by holding school concerts every Friday. At the moment, she _____ for next week's concert so that many more students can enjoy the concert.

    (a) prepared
    (b) has prepared
    (c) is preparing
    (d) was preparing

9. Rashiba Corp. has recently announced that it will implement a strict policy concerning the use of office photocopiers. Since the announcement, managers _____ the use of copiers for anything other than office business.

    (a) have been restricting
    (b) will restrict
    (c) had restricted
    (d) are restricting

10. The management at Silver Lot software was astounded to learn that a competitor is developing a similar program. The company's executives _____ a string of meetings starting this afternoon to address this problem.

    (a) hold
    (b) will be holding
    (c) have hold
    (d) will have been holding

11. Kamala Harris is one of the most popular people in the city nowadays. While he _____ home from work the other day, he saw a little girl drowning in the water, and he managed to save her.

    (a) was returning
    (b) would return
    (c) had returned
    (d) is returning

12. Angelica is now preparing a special meal by herself. Her colleagues are coming over for dinner. She _____ dinner for more than three hours when her guests arrive later.

    (a) will arrange
    (b) has been arranging
    (c) had arranged
    (d) will have been arranging

13. Samantha is supposed to attend a strategy meeting, which will be held in Chicago. She is concerned about losing her way, but she need not. One of the staff _____ for her at the airport when her plane arrives.

    (a) waits
    (b) was waiting
    (c) has waited
    (d) will be waiting

14. As a software developer, Claude spend an average of over 60 hours working each week. He has been so stressed out lately because of the new project. Right now, he _____ for a less demanding job.

    (a) will look
    (b) is looking
    (c) looked
    (d) has looked

15. Susanna Moore began collecting traditional artworks when she moved here. As her collection grows, she wants to keep it in a separate room. By the end of this month, she _____ artworks for almost 20 years.

    (a) was collecting
    (b) would have collected
    (c) will have been collecting
    (d) collected

16. My friend Marvin was late for school yesterday. He had to go back home to bring his physics assignment that he'd left on his desk. When he remembered about it, he _____ off the subway.

    (a) was already getting
    (b) would already got
    (c) is already getting
    (d) has already got

17. Recently, my uncle Roger made up to his mind to travel around the world. He _____ non-stop for 25 years before he quit his job last week. He is leaving for Singapore with his wife on Thursday.

    (a) was working
    (b) would have worked
    (c) worked
    (d) had been working

18. Cindy asked her teacher if she could leave school during school hours to see a doctor. She _____ severe itching since she had lunch. She is fearful that it could be a symptom of a more serious condition.

    (a) would experience
    (b) has been experiencing
    (c) is experiencing
    (d) will experience

동명사와 부정사

개요1 출제문항 수

지텔프 문법에서 동명사와 부정사는 문법 26문항 중에서 5문항이 출제된다.
동명사가 3문항, 부정사가 2문항으로 출제된다.

개요2 동명사와 부정사의 개념

① 동명사

동명사는 '동사원형에 ing'을 붙인 것으로 문장에서 명사의 역할을 한다.

② 부정사

부정사는 'to동사원형'의 형태로 문장에서 명사, 형용사, 부사의 역할을 한다.

개요3 지텔프 문법

① 동명사와 부정사에서는 「to동사원형」, 「to be p.p.」, 「~ing」, 「being p.p.」가 정답으로 출제된다.

② 동명사와 부정사에서는 「to have p.p.」, 「having p.p.」, 「to be ~ing」은 오답으로 출제된다.

개요4 **문제 풀이 단계**

① 1단계 : 선택지 (a)~(d)에 동명사와 부정사가 둘 다 있음을 확인한다.

    (a) to work

    (b) to be working

    (c) working

    (d) having worked

② 2단계 : 선택지 (a)~(d)에서 지텔프 문법의 정답이 아닌 유형은 지운다.

    (a) to work

    (b) to be working (×)

    (c) working

    (d) having worked (×)

③ 3단계 : 동명사와 부정사 공식에 일치하는 선택지를 선택한다.

    · David and his colleagues have to go to the office this Saturday. However, he doesn't mind _____ overtime because they know their project is important.

    (a) to work

    (b) to be working (×)

    (c) working

    (d) having worked (×)

④ 4단계 : 동명사와 부정사 공식에 따른 정답이 바로 나오지 않는 경우, 동명사가 3문항, 부정사가 2문항이 출제되므로 이를 이용하여 선택지를 선택하면 된다.

❶ 개념

일정한 타동사의 경우 목적어로 동명사(~ing)를 취하며, 다른 일정한 타동사의 경우 목적어로 부정사(to동사원형)를 취한다.

❷ 출제 방식

① 일정한 타동사 + ~ing
② 일정한 타동사 + to동사원형

❸ 동명사를 목적어로 취하는 타동사

avoid(피하다), mind(꺼리다), deny(부인하다), dislike(싫어하다)

recommend(추천하다), require(필요로 하다), tolerate(용인하다), resent(분개하다)

enjoy(즐기다), experience(경험하다), advocate(옹호하다), support(지원하다)

prohibit(금지하다), prevent(막다), finish(끝내다), quit/give up(그만두다)

consider(고려하다), admit(인정하다), allow(허용하다), appreciate(고마워하다)

suggest(제안하다), advise(충고하다), recall(기억해내다), imagine(상상하다)

practice(연습하다), keep(계속하다), adore(흠모하다), favor(선호하다)

anticipate(예상하다), resist(저항하다), risk(위험을 무릅쓰다), dread(두려워하다)

involve/include/entail(포함하다), delay/postpone/put off(연기하다), depict(묘사하다) 등이 있다.

· School officials have recommended raising student tuitions.
학교 임원들은 학생 등록금을 인상할 것을 추천했다.

· The authority is now prohibiting selling the snack until the case is resolved.
당국은 그 사건이 해결될 때까지 그 간식을 판매하는 것을 지금 금지하고 있다.

❹ 부정사를 목적어로 취하는 타동사

need(필요로 하다), tend(경향이 있다), mean(의도하다), intend(의도하다)

want(원하다), hope/wish(바라다), expect(예상하다), choose(선택하다),

decide/determine(결정하다), plan(계획하다), promise(약속하다)

fail(실패하다), prepare/arrange(준비하다), learn(배우다), volunteer(자원하다)

refuse(거부하다), agree(동의하다), offer(제안하다), hesitate(주저하다)

attempt(시도하다), afford(여유가 있다), pretend(인체하다) threaten(위협하다)

manage(해내다), seek(추구하다), prompt(촉발하다), struggle/strive(애쓰다) 등이 있다.

· If you want **to attract** more customers, try advertising in the local paper.
당신이 더 많은 고객을 끌고 싶다면, 지역 신문에 광고를 내보세요.

· Scarlett managed **to finish** the book before the library closed.
Scarlett은 도서관이 문을 닫기 전에 그 책을 간신히 끝냈다.

❶ 개념

일정한 동사의 경우 문장의 해석에 따라 동명사 또는 부정사가 온다.

❷ 출제 방식

동명사 또는 부정사를 빈칸으로 출제한다.

① remember + ~ing 　 remember + to동사원형	~한 것을 기억하다 ~할 것을 기억하다
② forget + ~ing 　 forget + to동사원형	~한 것을 잊다 ~할 것을 잊다
③ regret + ~ing 　 regret + to동사원형	~한 것을 후회하다 ~하려니 유감스럽다
④ stop + ~ing 　 stop + to동사원형	~을 멈추다 ~하려고 멈추다
⑤ try + ~ing 　 try + to동사원형	~을 해보다 ~하려고 애쓰다

⑥ begin, start, love는 부정사와 동명사가 모두 올 수 있으며 의미 차이가 없다.

❸ 예문

① forget + 동명사/부정사

· I'll never <u>forget</u> watching Platoon in the Water Tower theatre in Chicago.

나는 시카고의 워터타워 극장에서 플래툰을 본 것을 결코 잊지 못할 것이다.

· Steve <u>forgot</u> to wear my hat and the cold wind attacked his ears.

Steve는 모자를 쓸 것을 잊었고, 추운 바람이 그의 귀를 엄습했다.

② regret + 동명사/부정사

· Have you ever <u>regretted</u> purchasing a non-refundable product?

당신은 환불이 안 되는 제품을 구입한 것을 후회한 적이 있나요?

· I <u>regret</u> to inform you that your request will not be accepted.

당신에게 당신의 요청은 받아들일 수 없음을 알리게 되어 유감스럽다.

③ stop + 동명사/부정사

· We have agreed to <u>stop</u> making any further changes in ecosystems.

우리는 생태계에 더 이상 어떤 변화도 만드는 것을 그만두기로 동의했다.

· Passers-by <u>stopped</u> to watch the funeral procession.

행인들은 장례 행렬을 보기 위해 멈춰 섰다.

④ start + 동명사/부정사

· Peter <u>started</u> talking/to talk about how healthy his hamburger is.

Peter는 자신의 햄버거가 얼마나 건강에 좋은지 이야기하기 시작했다.

▨ 괄호 안에 들어갈 알맞은 것을 고르시오.

01 She dreamed about going to Harvard university but never anticipated actually (gaining / to gain) admission.

02 Since discovering that he is allergic to the product, he has decided (discontinuing / to discontinue) using it.

03 Scientists are attempting (comparing / to compare) features of extinct animals with living analogues.

04 The vice president for sales suggested (training / to train) the new recruits on basic salesmanship first.

05 When the detective interrogated Steve about the incident, he remembered (seeing / to see) a black figure passing by.

01　**정답** **gaining**

해석 그녀는 하버드 대학에 가는 것을 꿈꾸었지만 실제로 입학 허가를 받을 것을 결코 예상하지 못했다.

해설 anticipate는 동명사를 목적어로 취하므로 괄호 안에는 gaining이 적절하다.

어구 anticipate 예상하다　admission 입학

02　**정답** **to discontinue**

해석 그 제품이 알레르기가 있다는 것을 알고 난 후, 그는 그것을 사용하는 것을 그만둘 것을 결정했다.

해설 decide는 부정사를 목적어로 취하므로 괄호 안에는 to discontinue가 적절하다.

어구 discover 알다, 발견하다　allergic 알레르기가 있는　discontinue 그만두다, 중단하다

03　**정답** **to compare**

해석 과학자들은 멸종한 동물들의 특징을 살아 있는 유사체들과 비교하려는 시도를 하고 있다.

해설 attempt는 부정사를 목적어로 취하므로 괄호 안에는 to compare가 적절하다.

어구 attempt 시도하다　feature 특징　extinct 멸종한　analogue 유사체

04　**정답** **training**

해석 영업 부사장은 먼저 기본 영업기술에 관해 신입 사원들을 훈련시킬 것을 제안했다.

해설 suggest는 동명사를 목적어로 취하므로 괄호 안에는 training이 적절하다.

어구 vice president 부사장　suggest 제안하다　recruit 신입사원　salesmanship 영업기술

05　**정답** **seeing**

해석 형사가 그 사건에 대해 Steve를 심문했을 때, 그는 검은 형체가 지나가는 것을 본 것을 기억했다.

해설 remember는 동명사와 부정사를 모두 목적어로 취하는데, 문맥상 '검은 형체가 지나가는 것을 본 것을 기억했다'는 의미가 되어야 하므로 괄호 안에는 seeing이 적절하다.

어구 detective 형사　interrogate 심문하다　incident 사건　figure 형체, 사람　pass by 지나가다

① 개념

동명사는 '~ing'의 형태로 문장에서 명사의 역할을 한다. 즉 동사 앞 주어 자리, 전치사 뒤 목적어 자리, be동사 뒤 주격보어의 자리에 들어간다.

② 출제 방식

동명사를 빈칸으로 출제된다.

① 주어 자리

~ing(주어) + 동사

접속사 + ~ing(주어) + 동사

② 전치사의 목적어 자리

전치사(by, on, in, of, for, from, about, without 등) + ~ing(목적어)

③ be동사 뒤에 주격보어 자리

(is/was) + ~ing(주격보어)

❸ 유형

① 동사 앞 주어 자리에 동명사가 온다.

· Raising animals requires lots of love and hard work.

동물들을 기르는 것은 많은 사랑과 힘든 수고를 필요로 한다.

· people today still find that writing with letters is very useful.

오늘날 사람들은 글자로 쓰는 것이 매우 유용하다고 여전히 생각한다.

② 전치사의 목적어 자리에 동명사가 온다.

· The staff should refrain from eating lunch in the conference room.

직원들은 회의실에서 점심을 먹는 것을 삼가야 한다.

③ be동사 뒤에 주격보어 자리에 동명사가 온다.

· His favorite hobby was taking care of his land and his horses.

그가 가장 좋아하는 취미는 그의 땅과 말들을 돌보는 것이었습니다.

❶ 개념

부정사는 'to동사원형'의 형태로 문장에서 명사, 형용사, 부사의 역할을 한다.

❷ 출제 방식

부정사를 빈칸으로 출제된다.

① 동사 + 목적어 + to동사원형

부정사는 목적보어 또는 부사적 수식어로 쓰인다.

② be p.p. + to동사원형

부정사는 주격보어 또는 부사적 수식어로 쓰인다.

③ 자동사 + (부사구) + to동사원형

부정사는 부사적 수식어로 쓰인다. 그리고 자동사와 to동사원형 사이에 부사구가 있을 수 있다.

④ 명사 + to동사원형

부정사는 앞에 있는 명사를 수식하는 형용사적 수식어로 쓰인다.

⑤ be 형용사 + to동사원형

· be able to동사원형(~할 수 있다)

· be likely to동사원형(~할 것 같다)

· be willing to동사원형(기꺼이 ~하다)

· be sure to동사원형(틀림없이 ~할 것이다)

⑥ 가주어 it과 진주어인 부정사

· it + be동사 ~ + to동사원형

· it + take동사 ~ + to동사원형

⑦ 가목적어 it과 진목적어인 부정사

동사 + it + 목적보어 + to동사원형

❸ 유형

① 동사 + 목적어 + to동사원형

· I strongly <u>urge you</u> <u>to contact</u> the plant supervisor immediately.

나는 당신에게 즉시 공장장에게 연락할 것을 강력히 권합니다.

· Jimmy will <u>meet</u> the chief executive <u>to discuss</u> the issue.

Jimmy는 그 문제를 논의하기 위해 최고 경영자를 만날 것이다.

② be p.p. + to동사원형

· The witness <u>was asked</u> <u>to recall</u> events from months before.

그 증인은 몇 달 전에 일어난 일들을 기억해 보라고 요구받았다.

· A first-aid antibiotic can <u>be applied</u> <u>to prevent</u> infection.

응급 처리 항생제가 감염을 예방하기 위해 발라질 수 있다.

③ 자동사 + (부사구) + to동사원형

· Eileen is now <u>heading</u> there <u>to experience</u> traditional rituals.

Eileen은 지금 전통적인 의례를 경험하기 위해 그곳으로 향하는 중이다.

④ 명사 + to동사원형

· Birds search for a good <u>place</u> <u>to raise</u> their young in summer.

새들은 여름에 새끼를 기르기에 좋은 장소를 찾는다.

⑤ be 형용사 + to동사원형

· During this ordeal, he <u>was able</u> <u>to draw</u> strength from his faith.

이러한 시련 동안, 그는 신앙에서 힘을 얻을 수 있었다.

⑥ 가주어 it과 진주어인 부정사

· Doctors say that <u>it is</u> better <u>to use</u> warm water when brushing your teeth.

의사들은 양치질을 할 때 따뜻한 물을 사용하는 것이 더 낫다고 말한다.

⑦ 가목적어 it과 진목적어인 부정사

· Jimmy <u>finds it hard</u> <u>to work</u> at home because there are too many distractions.

Jimmy는 집중을 방해하는 것들이 너무 많아서 집에서 일을 하기가 힘들다고 여긴다.

❶ 개념

지텔프에서는 동명사와 부정사의 관용적 표현이 간혹 출제되기도 한다.

❷ 동명사의 관용적 표현

go ~ing(~하러 가다)

be worth ~ing(~할 가치가 있다)

cannot help ~ing(~할 수 밖에 없다)

end up ~ing(결국 ~하게 되다)

feel like ~ing(~하고 싶다)

be busy ~ing(하느라 바쁘다)

spend 시간 ~ing(시간을 ~하며 보내다)

have trouble/difficulty ~ing(~하는데 어려움을 겪다)

· Next summer, she will go windsurfing with her sisters and parents.

내년 여름, 그녀는 여동생들과 부모님과 함께 윈드서핑을 하러 갈 것이다.

· Allan was busy enjoying winter sports with his friends.

Allan은 친구들과 겨울 스포츠를 즐기느라 바빴다.

❸ 부정사의 관용적 표현

can't wait to동사원형(몹시 ~하고 싶다)

make sure to동사원형(~을 확실히 하다)

have no choice but to동사원형(~할 수 밖에 없다)

have to동사원형(~해야 하다)

seem to동사원형(~인 것 같다)

prove to동사원형(~로 판명되다)

too ~ to동사원형(너무 ~해서 ~할 수 없다)

enough to동사원형(~할 만큼 충분히)

in order to동사원형/so as to동사원형(~하기 위해)

· I can't wait to see my classmates and teachers again.
  나는 반 친구들과 선생님들을 다시 보고 싶어.

· This stadium is large enough to accommodate 10,000 people.
  이 경기장은 만 명의 사람들을 수용할 만큼 충분히 크다.

▨ 괄호 안에 들어갈 알맞은 것을 고르시오.

01   Leo thinks that (speaking / to speak) highly of a person should be done while the person is still alive.

02   Some buses have two exit doors, which enable people (getting / to get) off more comfortably.

03   The bargain prices are expected (enticing / to entice) customers away from other stores.

04   Bruce went outside very cautiously (investigating / to investigate) who broke into his lab.

05   When you listen to his voice, you can't help (to fall / falling) in love with its innocence and beauty.

06   The interviewer will need to play devil's advocate so as (getting / to get) a discussion going.

01 **정답** **speaking**
해석 Leo는 어떤 사람을 칭찬하는 것은 그 사람이 여전히 살아있는 동안에 행해져야 한다고 생각한다.
해설 주어 자리에는 동명사가 와야 하므로 괄호 안에는 speaking이 적절하다.
어구 speak highly of ~을 칭찬하다 alive 살아있는

02 **정답** **to get**
해석 몇몇 버스들은 두 개의 출구를 가지고 있는데, 그것은 사람들이 좀 더 편안하게 내릴 수 있게 한다.
해설 '동사+목적어+to동사원형'의 형태로 괄호 안에는 to get이 적절하다.
어구 exit 출구 enable 할 수 있게 하다 get off 내리다 comfortably 편안하게

03 **정답** **to entice**
해석 저렴한 가격이 고객들을 다른 매장에서 유도해 낼 수 있을 것으로 예상된다.
해설 'be p.p.+to동사원형'의 형태로 괄호 안에는 to entice가 적절하다.
어구 bargain price 저렴한 가격 expect 예상하다 entice 유도하다 customer 고객

04 **정답** **to investigate**
해석 Bruce는 누가 자신의 실험실을 침입했는지 조사하기 위해 매우 조심스럽게 밖으로 나갔다.
해설 '자동사+(부사구)+to동사원형'의 형태로 괄호 안에는 to investigate가 적절하다.
어구 cautiously 조심스럽게 investigate 조사하다 break into ~에 침입하다 lab 실험실

05 **정답** **falling**
해석 그의 목소리를 들을 때, 당신은 그 순수함과 아름다움을 사랑하게 되지 않을 수 없다.
해설 'cannot help ~ing'은 동명사의 관용표현으로 '~할 수 밖에 없다'라는 의미를 지닌다.
어구 fall in love with ~에 반하다, ~와 사랑에 빠지다 innocence 순수함

06 **정답** **to get**
해석 논의가 계속되게 하기 위해 인터뷰 진행자가 선의의 비판자 역할을 할 필요가 있다.
해설 'so as to동사원형'은 부정사의 관용표현으로 '~하기 위해'라는 의미를 지닌다.
어구 interviewer 인터뷰 진행자 devil's advocate 선의의 비판자

1. Champion athletes have the common behavior of identifying and working harder on weaknesses in their game. For instance, a slightly built soccer player Peter Crouch practiced _____ the ball day in and day out.

    (a) having dribbled
    (b) dribbling
    (c) to dribble
    (d) to have dribbled

2. A new French law gave France the shortest work week in Europe. Companies with more than twenty employees are required _____ work hours from 39 to 35 per week. In Germany, however, longer work weeks may soon be the standard.

    (a) cutting
    (b) having cut
    (c) to have cut
    (d) to cut

3. Therapists can find ways to bring things the client likes into the domains that have been painful for her. _____ enjoyable elements into troublesome domains helps clients develop new responses to these situations.

    (a) Having introduced
    (b) Introducing
    (c) To be introducing
    (d) To introduce

4. Life will present you with innumerable lessons, none of which will be useful to you unless you are open to their inherent value. These lessons will show up every day, and you need _____ your perception and come to see them as gifts.

    (a) changing
    (b) to have changed
    (c) to change
    (d) having changed

5. As a teacher, Greg has been trained to identify problems, and then find solutions to those problems. He remembers _____ courses in college about identifying behavior problems, along with techniques to address those problems.

    (a) taking
    (b) to be taking
    (c) to take
    (d) to have taken

6. If you live near an airport, you seldom pay attention to the planes taking off. To be sure, you cannot avoid _____ a jet taking off, but after the same sound is continually repeated, it becomes filtered out by the sensory system as unimportant.

    (a) to hear
    (b) to be hearing
    (c) hearing
    (d) having heard

7. Football and other sports contribute to the construction of a sense of self for adolescents. Because football allows boys _____ with one another, free from parental supervision, it is a key experience for those who engage in it.

    (a) will compete
    (b) to be competing
    (c) competing
    (d) to compete

8. Robert Capa worked as a photo assistant in Germany from 1931 to 1933. In 1933 he emigrated to Paris and began _____ as a freelance photographer. His photographs of the Spanish Civil War attracted attention to his name in Paris.

    (a) working
    (b) will work
    (c) to have worked
    (d) having worked

9. The prospect of earning more money leads people to make greater efforts, and these greater efforts can benefit the public as a whole. Therefore, It might be worth _____ to reward effort.

    (a) to try
    (b) trying
    (c) to be trying
    (d) having tried

10. Most people in North America own far more material goods than they need. Travel to foreign places seems like a perfect investment _____ one's perspective on life, and the memories of trips can last a lifetime.

    (a) broadening
    (b) will broaden
    (c) to broaden
    (d) to have broadened

11. Each year more than 100 million animals are used in laboratories to test drugs. In many cases, the animals are forced to endure pain. We should consider _____ a letter to your representative in Congress to end animal testing.

    (a) to write
    (b) to have written
    (c) having written
    (d) writing

12. Professor Williams suggests that the downfall of civilizations can be explained by climate change. Despite mounting evidence, many people refuse _____ this theory because they equate it with environmental determinism.

    (a) to accept
    (b) accepting
    (c) to have accepted
    (d) having accepted

13. A West Coast restaurant wanted to create a graphic design for an upcoming advertising campaign. They encouraged their own employees to submit drawings instead of _____ a professional artist.

    (a) having hired
    (b) to have hired
    (c) hiring
    (d) to hire

14. People with high self-esteem have confidence in their skills and competence. They are also willing to work in teams because they are sure of themselves and enjoy _____ the opportunity to contribute.

    (a) to be getting
    (b) to get
    (c) having gotten
    (d) getting

15. Classical music today has largely become something we listen to in concert or on recordings. It is easy _____ the role it once played as a part of daily life. An large amount of the music in the Baroque period was designed to support dancing.

    (a) forgetting
    (b) to forget
    (c) having forgotten
    (d) to be forgetting

16. As a few countries are beginning to realize, the role of government goes beyond regulation. Trinidad has accepted the lesson that the government has _____ a more active role in education.

    (a) to play
    (b) to have played
    (c) playing
    (d) having played

17. After learning about a new position, Angie e-mailed a resume to the vice-president in charge. The hiring executive emphasized that 50 percent of the job would involve _____ documents to demonstrate the value-added service.

    (a) writing
    (b) to write
    (c) to be writing
    (d) having written

18. Can you imagine trying to understand present-day Latin America without knowledge of its native peoples? You will travel back through the corridors of time _____ Colombia's past and how it helped shape the present.

    (a) understanding
    (b) to understand
    (c) to have understood
    (d) having understand

관계사

개요1 출제문항 수

지텔프 문법에서 관계사는 문법 26문항 중에서 2문항이 출제된다. 관계대명사 2문항이 출제되거나 관계대명사 1문항, 관계부사 1문항이 출제된다.

개요2 관계사의 개념

관계사에는 관계대명사와 관계부사가 있으며, 앞에 있는 명사인 선행사를 수식하거나 부연 설명한다.

① 관계대명사에는 who, whom, whose, which, that, what 등이 있다.
② 관계부사에는 where, when, why, how 등이 있다.

개요3 지텔프 문법

① 지텔프 문법에서는 관계대명사 what은 정답으로 출제되지 않는다.
② 지텔프 문법에서는 관계부사 why, how는 정답으로 출제되지 않는다.
③ 지텔프 문법에서는 관계사 문제는 소거법을 통해서 풀면 효과적이다.

개요4 문제 풀이 단계

① 1단계 : 선택지 (a)~(d)가 모두 관계사가 포함된 절로 구성되어 있음을 확인한다.

(a) who the dance troupe will be presenting

(b) what the dance troupe will be presenting

(c) that the dance troupe will be presenting

(d) when the dance troupe will be presenting

② 2단계 : 빈칸 앞에 있는 선행사 단서를 통해 관계대명사의 종류를 정한다.

· The first **performance** _____ is Rapunzel, to be staged at the Goodman Theater in Chicago next Saturday.

(a) who the dance troupe will be presenting (×)

(b) what the dance troupe will be presenting (×)

(c) that the dance troupe will be presenting

(d) which the dance troupe will be presenting it

③ 3단계 : 관계사 공식에 일치하는 선택지를 선택한다.

(a) who the dance troupe will be presenting (×)

(b) what the dance troupe will be presenting (×)

(c) that the dance troupe will be presenting

(d) which the dance troupe will be presenting it

❶ 개념

관계대명사는 앞의 명사인 선행사를 수식하거나 부연 설명하는 절을 이끈다.

❷ 관계대명사의 종류와 특징

① 관계대명사의 종류

선행사 ＼ 격	주격	소유격	목적격
사람	who/that	whose	whom/that
사람이 아닌 경우	which/that	whose	which/that

② 관계대명사 that은 계속적 용법을 쓰지 않으므로 쉼표(,) 다음에 쓰지 못한다.

③ 선행사가 사람인 경우 관계대명사 who, whose, whom, that를 쓴다.
　선행사가 사람이 아닌 경우 관계대명사 which, whose, which, that를 쓴다.

④ 주격 관계대명사는 뒤에 주어가 없는 불완전한 절이 온다.

⑤ 목적격 관계대명사는 뒤에 타동사의 목적어 또는 전치사의 목적어가 없는 불완전한 절이 온다.

⑥ 소유격 관계대명사 whose는 뒤에 나오는 명사와 결합하며, '~의'라는 소유의 뜻을 지닌다.

❸ 유형

① 선행사가 사람인 경우 관계대명사 who/whom/that를 쓴다. 다만 지텔프 문법에서 선행사가 사람인 경우 that 는 정답으로 거의 출제되지 않는다.

- · An anatomist is an expert who studies the structure of the bodies of animals.
  해부학자는 동물의 몸의 구조를 연구하는 전문가이다.

- · I already know the woman whom Pearson chose to marry.
  나는 Pearson이 결혼하기로 선택한 그 여성을 이미 알고 있다.

- · The people whom we work with are very well experienced in this field.
  우리와 함께 일하는 사람들은 이 지역에서 매우 경험이 풍부한 사람들이다.

② 선행사가 사람이 아닌 경우 관계대명사 which/that를 쓴다.

- · There are movies and dramas which are based on popular webcomics.
  인기 있는 웹툰을 바탕으로 하는 영화와 드라마가 있다.

- · The contract which she signed last week includes a confidential clause.
  그녀가 지난주에 서명한 계약서는 비밀조항을 포함하고 있다.

- · The feature that I am looking for in a cell phone is a high resolution camera.
  내가 휴대폰에서 찾고 있는 기능은 고해상도 카메라이다.

③ 지텔프 문법에서 소유격 관계대명사 whose는 정답으로 거의 출제되지 않는다.

- · Sheila is an English teacher whose voice is very husky.
  Sheila는 목소리가 매우 허스키한 영어 선생님이다.

- · Look at the mountain whose top is covered with snow.
  정상이 눈으로 덮여 있는 그 산을 보아라.

▨ 괄호 안에 들어갈 알맞은 것을 고르시오.

01 Her current laptop computer, (which is quite old/ that is quite old), has a broken screen.

02 The dress, (who was designed by Anna Sui / which was designed by Anna Sui), is now considered one of the most infamous red-carpet outfits.

03 Not surprisingly, the applicant (who got the highest score / whom got the highest score) on the test was chosen.

04 We are launching a research project (which it will determine the correlation / that will determine the correlation) between energy drink consumers and social media programs.

05 She was finally able to meet Coach Matt, (whom she has a crush on / whom she has crush on him).

01 정답 **which is already quite old**
해석 그녀의 현재 노트북은, 매우 오래된 것인데, 깨진 화면을 가지고 있다.
해설 선행사인 His current laptop 뒤에 쉼표(,)가 있으므로, 관계대명사 that은 쓰지 못한다. 따라서 괄호 안에는 which is already quite old가 적절하다.
어구 curren 현재의 laptop computer 노트북

02 정답 **which was designed by Anna Sui**
해석 그 드레스는, Anna Sui에 의해 디자인 되었는데, 지금 가장 악명 높은 레드카펫 의상 중 하나로 여겨진다.
해설 선행사가 사람이 아닌 The dress이므로 괄호 안에는 which was designed by Anna Sui가 적절하다.
어구 infamous 악명 높은 outfit 의상

03 정답 **who got the highest score**
해석 당연히, 시험에서 가장 높은 점수를 얻는 지원자가 선택되었다.
해설 선행사가 사람인 the applicant이며 관계사절 안에 동사 got의 주어 역할을 하는 주격 관계대명사가 필요하므로 괄호 안에는 who got the highest score가 적절하다.
어구 not surprisingly 당연히 applicant 지원자

04 정답 **that will determine the correlation**
해석 우리는 에너지음료 소비자들과 소셜 미디어프로그램 사이의 상관관계를 결정하게 될 연구 프로젝트를 시작하려고 합니다.
해설 관계대명사·절에는 불완전한 절이 와야 하므로 괄호 안에는 that will determine the correlation이 적절하다.
어구 launch 시작하다 determine 결정하다 correlation 상관관계 consumer 소비자

05 정답 **whom she has a crush on**
해석 그녀는 마침내 Matt코치를 만날 수 있었는데, 그에게 그녀는 홀딱 반해 있다.
해설 목적격 관계대명사 whom 뒤에는 목적어가 없는 불완전한 절이 오므로 괄호 안에는 whom she has a crush on이 적절하다.
어구 be able to do ～할 수 있다 have a crush on ～에게 홀딱 반하다

❶ 개념

관계부사는 앞의 명사인 선행사를 수식하거나 부연 설명하는 절을 이끈다.

❷ 관계부사의 종류와 특징

① 관계대명사의 종류

선행사	관계부사
장소명사	where
시간명사	when

② 선행사가 the place, the house, the office 등 장소명사인 경우 관계부사 where를 쓴다.

③ 선행사가 the time, the day, 연도(ex 2010) 등 시간명사인 경우 관계부사 when을 쓴다.

④ 관계부사는 뒤에 완전한 절이 온다.

3 유형

① 선행사가 장소명사인 경우 관계부사 where를 쓴다.

· Monica has a photograph of <u>the home</u> where she grew up.

  Monica는 자신이 자랐던 집의 사진을 가지고 있다.

· <u>The office</u> where you can get your transcripts is closed now.

  당신이 사본을 얻을 수 있는 사무실이 지금은 닫혀 있다.

② 선행사가 시간명사인 경우 관계부사 when을 쓴다.

· Since <u>1970</u>, when it first opened, the cafe has been a hit with tourists.

  처음 문을 연 1970년 이래로, 그 카페는 관광객들에게 큰 인기를 얻었다.

· <u>The day</u> when your dream will come true will surely come.

  당신의 꿈이 실현될 그 날이 틀림없이 올 것이다.

☑ 괄호 안에 들어갈 알맞은 것을 고르시오.

01　The grocery store (how we can buy some vegetables / where we can buy some vegetables) has already closed.

02　Northport High School is located in a wealthy area, (which the average family income is $86,456 per year / where the average family income is $86,456 per year).

03　The day (where doctors will develop a cure for that disease / when doctors will develop a cure for that disease) still seems a long way off.

04　A occupant on the fifth floor, (which the fire started / where the fire started) says he heard an explosion before the fire alarm went off.

05　Since 1960, (which it was first established / when it was first established), the school has produced many brilliant minds.

01 정답 **where we can buy some vegetables**

해석 우리가 약간의 야채를 살 수 있는 그 식료품 가게는 이미 문을 닫았다.

해설 선행사가 장소명사인 The grocery store이고 'we can buy some vegetables'가 완전한 절이므로 괄호 안에는 where가 이끄는 절이 적절하다.

어구 grocery store 식료품 가게 vegetable 야채

02 정답 **where the average family income is $86,456 per year**

해석 Northport 고등학교는 부유한 지역에 위치해 있는데, 그곳에서는 가정의 평균 소득인 연간 86,465달러이다.

해설 선행사가 장소명사인 a wealthy area이고 'the average family income is $86,456 per year'가 완전한 절이므로 괄호 안에는 where가 이끄는 절이 적절하다.

어구 locate 위치시키다 income 소득 per ~당, 마다

03 정답 **when doctors will develop a cure for that disease**

해석 의사들이 그 병의 치료법을 개발해 낼 날은 아직 요원한 것 같다

해설 선행사가 시간명사인 The day이고, 'doctors will develop a cure for that disease'가 완전한 절이므로, 괄호 안에는 관계부사 when이 이끄는 절이 적절하다.

어구 establish 세우다, 설립하다 produce (사람을) 배출하다 brilliant mind 수재

04 정답 **where the fire started**

해석 화재가 시작된 5층의 한 입주자는 화재경보가 울리기 전에 폭발음을 들었다고 말한다.

해설 선행사가 장소명사인 the fifth floor이고 'the fire started'가 완전한 절이므로 괄호 안에는 where가 이끄는 절이 적절하다.

어구 occupant 입주자, 사용자 explosion 폭발 go off 울리다

05 정답 **when it was first established**

해석 처음 세워진 1960년 이래로, 그 학교는 많은 수재들을 배출해 왔다.

해설 선행사가 시간명사인 1988년이고, 'it was first established'가 완전한 절이므로, 괄호 안에는 관계부사 when이 이끄는 절이 적절하다.

어구 establish 세우다, 설립하다 produce (사람을) 배출하다 brilliant mind 수재

1. According to a study in animals, muscles do not strengthen and change at first, but nervous systems do. The study, _____, suggests that strength training is more physiologically intricate than most of us might have imagined.

   (a) what involved monkeys performing pull-ups

   (b) who involved monkeys performing pull-ups

   (c) that involved monkeys performing pull-ups

   (d) which involved monkeys performing pull-ups

2. Unlike the demands of teachers concerning scholastic efforts, football brings immediate rewards of recognition and status. Of course, this is of immense importance to high school students _____.

   (a) which are generally controlled by adults

   (b) who are generally controlled by adults

   (c) whom are generally controlled by adults

   (d) what are generally controlled by adults

3. Plants need metals if they are to grow and develop properly. Metals, such as copper and zinc, are essential for the activity of vital enzymes. However, soils _____ are usually extremely toxic.

   (a) what contain high concentrations of such metals

   (b) that contain high concentrations of such metals

   (c) when contain high concentrations of such metals

   (d) who contain high concentrations of such metals

4. Exercise sets off a series of enzymatic reactions in the body. Regular exercise, _____, will also lower cholesterol. It is important to note that at least 12 weeks of exercise is required before significant reductions are achieved.

   (a) that can promote weight loss

   (b) what can promote weight loss

   (c) which can promote weight loss

   (d) who can promote weight loss

5. All events will take place in the company recreation area. If we have left out any activities _____, please let Ms. Jenkins know by Wednesday, July 22. We hope that you will participate and help us make this event a success.

   (a) that you might be interested in
   (b) what you might be interested in
   (c) who you might be interested in
   (d) which you might be interested in them

6. For most of Egypt's long history no currency existed. So rather than exchanging commodities at set values, essential goods were generally manufactured by the user. Bronze plow blades, _____ in the average home, were secured by barter.

   (a) who could not be made
   (b) that could not be made
   (c) where could not be made
   (d) which could not be made

7. Henry was a film carrier for a firm that rented films to cinema theaters. Later on, he decided to go to Hollywood, _____, and the experience of this sphere opened doors for him to direct films.

   (a) who he got a job at Universal Studios
   (b) that he got a job at Universal Studios
   (c) where he got a job at Universal Studios
   (d) which he got a job at Universal Studios

8. There is no doubt that you will like Hannah. Just like you, she enjoy travelling to foreign countries and learning new cultures. She's also the woman _____ last month.

   (a) which took a cooking class with
   (b) whom I took a cooking class with
   (c) that I took a cooking class with her
   (d) what I took a cooking class with

9. The robotic teddy bear Huggable is built as a companion for children and the elderly. The Huggable has two thousand sensors _____. Put it on your lap, and it looks up at you with video camera eyes and nuzzles into your arms.

   (a) that can measure temperature and force
   (b) what can measure temperature and force
   (c) who can measure temperature and force
   (d) which it can measure temperature and force

10. The 50th annual Danson Science Fair will take place at Walker University from March 16th to 20th. The Fair, _____ each year, promotes science and engineering as important parts of student education.

   (a) that draws over 3,000 students
   (b) who draws over 3,000 students
   (c) what draws over 3,000 students
   (d) which draws over 3,000 students

11. Kate lived in a house near Tumon Beach when she was a child. Since she moved to New York, it has changed considerably. The beach, _____ , is now a popular tourist spot.

(a) when she used to take a walk
(b) that she used to take a walk
(c) which she used to take a walk
(d) where she used to take a walk

12. Several of the most famous 19th-century women writers had to overcome emotional problems to produce their work. Louisa May Alcott, _____ from the sales of her book 'Little Women', was plagued by depression and anxiety.

(a) who could support herself
(b) what could support herself
(c) that could support herself
(d) which could support herself

13. Are you looking for a clean and comfortable room of your own? Why don't you try this studio-style apartment _____ , and has never been occupied? Public transportation and major shopping centers are easily accessible.

(a) who is newly constructed
(b) when is newly constructed
(c) which is newly constructed
(d) what is newly constructed

14. Almost 70 percent of medical schools are teaching some form of alternative medicine. Until 1988, _____ , I had known little about alternative medicine. However, studying alternative methods on my own, I became a believer in alternative medicine.

(a) how I first moved to Chicago
(b) that I first moved to Chicago
(c) which I first moved to Chicago
(d) when I first moved to Chicago

15. Music conveys the scope of a film, effectively communicating whether the motion picture is an epic drama or a story that exists on a more personal scale. Music can convey the quality and size of a space, _____ .

(a) which Kruger refers to as "depth in space."
(b) who Kruger refers to as "depth in space."
(c) how Kruger refers to as "depth in space."
(d) that Kruger refers to as "depth in space."

16. Stephanie is new to Korea and is not yet accustomed to the train schedules. So, she missed his train to Busan. The KTX train _____ had already started when she arrived at Seoul station.

(a) when she was supposed to take
(b) who she was supposed to take
(c) that she was supposed to take
(d) what she was supposed to take

17. Andrea has always been attracted to brilliant and intelligent men. So, it came as no surprise to her family that the man _____ had graduated with honors from Harvard University.

    (a) which she wanted to marry
    (b) what she wanted to marry
    (c) whom she wanted to marry
    (d) that she wanted to marry him

18. The concept of thrift emerged out of a more affluent money culture. In traditional societies _____ , consumption was more seasonally and communally orientated. In years of bountiful crops people ate heartily, and in lean years they starved.

    (a) where resources continued to be scarce
    (b) whom resources continued to be scarce
    (c) which resources continued to be scarce
    (d) what resources continued to be scarce

조동사

개요1 출제문항 수

지텔프 문법에서 조동사는 문법 26문항 중에서 2문항이 출제된다.

개요2 조동사의 개념

조동사는 동사 앞에 쓰여 동사의 의미를 보조하는 역할을 한다.
지텔프 문법에서는 must, should, will/would, may/might, can/could가 출제된다.

개요3 지텔프 문법

① 조동사 shall은 정답이 아니다.
② 목적을 뜻하는 '(in order) to부정사'가 있으면 조동사 must/should가 정답인 경우가 많다.
③ 'may(might) ~ but(~할지 모르지만)'이라는 표현도 종종 보인다.

문제 풀이 단계

① 1단계 : 선택지 (a)~(d)가 모두 조동사로 구성되어 있음을 확인한다.

(a) shall

(b) must

(c) might

(d) would

② 2단계 : 문장을 해석한다.

· Recently, Stephanie has been feeling very exhausted. The doctor told her that she _____ eat and sleep adequately to regain strength.

(a) shall

(b) must

(c) might

(d) would

③ 3단계 : 조동사 공식에 일치하는 선택지를 선택한다.

(a) shall

(b) must

(c) might

(d) would

① 개념

조동사 must는 '~해야 한다'라는 의무와 '~임에 틀림없다'라는 강한 추측의 의미를 지닌다. must have p.p.는 과거사실에 대한 확신을 나타낸다.

② 출제 방식

문장의 해석을 통해 의미에 맞게 must를 채우는 문제가 출제된다.

must + 동사원형	의무: ~해야 한다 확신: ~임에 틀림없다
must + have p.p.	과거사실에 대한 확신: ~했음에 틀림없다

③ 예문

· He thinks that children **must** read Shakespeare to learn English and Englishness.
그는 아이들이 영어와 영국다움을 배우기 위해서 셰익스피어를 읽어야 한다고 생각한다.

· The water **must** always be between 25℃ and 27℃, or tropical fish will die rapidly.
물은 항상 섭씨 25도와 27도 사이여야 하며, 그렇지 않으면 열대어들은 빠르게 죽을 것이다.

· You **must** be hungry after all that walking.
그렇게 걸었으니 너는 틀림없이 배가 고플 거야.

· Since the road is wet this morning, it **must** have rained last night.
오늘 아침 길이 젖어 있기 때문에, 어젯밤에 비가 왔음에 틀림없다.

출제공식 **18** | 조동사 should

① 개념

조동사 should는 '~해야 한다'라는 뜻으로 의무, 권고의 의미를 지닌다. 과거형인 should have p.p.는 과거사실에 대한 유감을 나타낸다.

② 출제 방식

문장의 해석을 통해 의미에 맞게 should를 채우는 문제가 출제된다.

should + 동사원형	의무: ~해야 한다 권고: ~해야 한다
should + have p.p.	과거사실에 대한 유감: ~했어야만 했다

③ 예문

· We **should** focus on the social ending of coronavirus.
  우리는 코로나바이러스의 사회적 종식에 중점을 두어야 한다.

· Children **should** not be allowed to watch violent movies.
  아동들에게는 폭력 영화 시청을 허용해서는 안 된다.

· We **should** have started studying when we were younger.
  우리가 더 어렸을 때 공부를 시작했어야 했다.

❶ 개념

조동사 will은 '~할 것이다'라는 뜻으로 미래의 예정 또는 주어의 의지를 나타낸다. 조동사 would는 과거에서 본 미래를 말하거나(시제일치), 과거의 습관, 가정법 과거 등에서 쓰인다.

❷ 출제 방식

문장의 해석을 통해 의미에 맞게 will/would를 채우는 문제가 출제된다.

will + 동사원형	· 미래/예정: ~할 것이다 · 주어의 의지: ~할 것이다
would + 동사원형	· 시제일치: 과거동사 + that + 주어 + will/would + 동사원형 · 과거의 습관: ~하곤 했다 · 가정법 과거: if + 주어 + 과거동사, 주어 + would + 동사원형

❸ 예문

· The new show will premiere on March 3 during prime time.
그 새로운 프로그램은 3월 3일 황금시간대에 처음 공개될 것이다.

· Bobby will accompany his mother to the doctor this morning.
Bobby는 오늘 아침 병원으로 자신의 어머니와 동행할 것이다.

· She told me that she would win a gold medal.
그녀는 나에게 자기가 금메달을 탈 것이라고 말했다.

· When my parents were away, my grandmother would take care of me.
나의 부모님이 없으실 때면, 할머니께서 나를 돌봐 주시곤 했다.

· If (he were) given the chance, he would move to the countryside.
만약 기회가 주어진다면, 그는 시골지역으로 이사 갈 것이다.

/ MEMO /

▨ 괄호 안에 들어갈 알맞은 것을 고르시오.

01   The reports (must / would) be submitted before the 17th of August to complete all projects without any delay.

02   Samantha apologized to him for her mistake. However, he (should / will) not forgive her right now.

03   Ronald believes that children (should / would) go outside and play to develop their creativity.

04   The marketing director is expecting 100 more guests. As a result, the department (must / will) have to reserve a bigger venue.

05   Alfred got a high grade in the math test. He (must / should) have prepared well for the test.

01 　정답　 **must**
　해석　 아무런 지체 없이 모든 프로젝트를 끝내기 위해서는 보고서가 8월 17일 이전에 제출 되어야 한다.
　해설　 문맥상 '보고서가 8월 17일 이전에 제출되어야 한다'는 의미가 되어야 자연스러우므로 괄호 안에는 의무를 나타내는 must가 적절하다.
　어구　 submit 제출하다 complete 끝내다 delay 지연, 지체

02 　정답　 **will**
　해석　 Samantha는 그에게 자신의 잘못에 대해 사과했다. 하지만, 그는 지금은 그녀를 용서하지 않을 것이다.
　해설　 문맥상 '그녀를 용서하지 않을 것이다'는 의미가 되어야 자연스러우므로 괄호 안에는 주어의 의지를 나타내는 will이 적절하다.
　어구　 apologize 사과하다 forgive 용서하다

03 　정답　 **should**
　해석　 Ronald는 아이들은 창의력을 개발하기 위해 밖에 나가서 놀아야 한다고 생각한다.
　해설　 문맥상 '밖에 나가서 놀아야 한다'는 의미가 되어야 자연스러우므로 괄호 안에는 의무를 나타내는 should가 적절하다.
　어구　 develop 개발하다, 발전시키다 creativity 창의력

04 　정답　 **will**
　해석　 그 영업 부장은 100명 더 많은 게스트들을 예상하고 있다. 따라서 그 부서는 더 큰 장소를 예약해야 할 것이다.
　해설　 문맥상 '더 큰 장소를 예약해야 할 것이다'는 의미가 되어야 자연스러우므로 괄호 안에는 미래/예정을 나타내는 will이 적절하다.
　어구　 expect 예상하다 department 부서 have to do 해야 하다 reserve 예약하다 venue 장소

05 　정답　 **must**
　해석　 Alfred는 수학 시험에서 높은 점수를 받았다. 그는 시험을 잘 준비했음에 틀림없다.
　해설　 문맥상 '시험을 잘 준비했음에 틀림없다'는 의미가 되어야 자연스러우므로 괄호 안에는 확신을 나타내는 must가 적절하다.
　어구　 prepare 준비하다

① 개념

조동사 may는 '~할지도 모른다'라는 추측/가능과 '~해도 좋다'라는 허가의 의미를 지닌다. may have p.p.는 과거사실의 추측을 나타낸다. 그리고 조동사 may가 추측/가능을 의미할 때에는 might와 바꿔 쓸 수 있다.

② 출제 방식

문장의 해석을 통해 의미에 맞게 may/might를 채우는 문제가 출제된다.

may + 동사원형	· 추측/가능: ~할지도 모른다 (may = might)
	· 허가: ~해도 좋다
may/might + have p.p.	과거사실에 대한 추측: ~했을 지도 모른다

③ 예문

· Karen **may/might** consider my call an invasion of privacy.
  Karen은 내 전화를 사생활 침해로 여길 수 있다.

· The shoes **may/might** seem tight at first, but the leather has plenty of give in it.
  그 신발이 처음에는 빡빡한 거 같을지 모르지만, 가죽이 충분히 신축성이 있을 거예요.

· Adolescents under the age of 18 **may** not work in jobs that require them to drive.
  18세 미만의 청소년들은 운전을 필요로 하는 일에는 종사할 수 없다.

· He was a contemporary of Freud and **may/might** have known him.
  그는 Freud와 동시대인이었으므로 그를 알고 있었을지도 모른다.

① 개념

조동사 can은 '~할 수 있다'라는 능력/가능과 '~해도 좋다'라는 허가의 의미를 지닌다.
조동사 could는 과거의 능력/가능과 현재의 추측을 의미한다.

② 출제 방식

문장의 해석을 통해 의미에 맞게 can/could를 채우는 문제가 출제된다.

can + 동사원형	· 능력/가능: ~할 수 있다 · 허가: ~해도 좋다 (can = may)
could + 동사원형	· 과거의 능력/가능: ~할 수 있었다 · 현재의 추측: could be ~일수도 있다

③ 예문

· Our immune system can overcome most bad germs.
우리의 면역체계는 대부분의 나쁜 세균을 이겨낼 수 있다.

· No one can predict the relationship between a man and a woman.
아무도 남녀 관계를 예측할 수 없다.

· You can leave your suitcase here for the time being.
당신은 가방을 당분간 여기 두셔도 좋습니다.

· Brandon was so tired and could not walk any more.
Brandon은 너무 지쳐서 더 이상 걸을 수 없었다.

· His ambitious could be the reason for his downfall.
그의 야심찬 성격이 몰락의 원인일 수도 있다.

▨ 괄호 안에 들어갈 알맞은 것을 고르시오.

01 Since Jane (might / could) not have the green tea as she liked it, she changed her order to a cup of coffee,

02 That is based on experience and (may / can) be statistically true, but it does not make sense.

03 I (may / can) hear traffic through a new pair of earphones, so it's safe for running in the city.

04 The guide is recommending postponing the hike because it (could / should) be dangerous.

05 A competing company (may / can) have already offered Daniel a job before we made our offer.

01

정답 could

해석 Jane은 자신이 원하는 대로 녹차를 마실 수 없었기 때문에, 그녀는 주문을 커피로 바꾸었다.

해설 문맥상 '녹차를 마실 수 없었다'가 되어야 의미가 자연스러우므로 괄호 안에는 능력/가능을 나타내는 could가 적절하다.

어구 green tea 녹차 order 주문

02

정답 may

해석 그것은 경험에 근거하고 있으며 통계적으로 사실일 지도 모르지만, 그것은 이치에 닿지 않는다.

해설 'may~but' 구문으로 문맥상 '통계적으로 사실일지도 모르지만'이라는 의미가 되어야 자연스러우므로 괄호 안에는 추측/가능의 의미를 나타내는 may가 적절하다.

어구 statistically 통계적으로 make sense 이치에 닿다

03

정답 can

해석 나는 새 이어폰을 통해 교통소리를 들을 수 있으며, 따라서 도시에서 뛰는 것에 안전하다.

해설 문맥상 '교통소리를 들을 수 있다'는 되어야 의미가 자연스러우므로 괄호 안에는 능력/가능을 나타내는 can이 적절하다.

어구 upcoming 다가오는 injury 부상

04

정답 could

해석 가이드는 하이킹을 연기할 것을 권고하고 있는데, 왜냐하면 그것이 위험할 수도 있기 때문이다.

해설 문맥상 '위험할 수도 있다'가 되어야 의미가 자연스러우므로 괄호 안에는 현재의 추측을 나타내는 could가 적절하다.

어구 recommend 권고하다 postpone 연기하다

05

정답 may

해석 우리가 제안하기 전에, 경쟁회사가 이미 Daniel에게 일자리를 제안했을 지도 모른다.

해설 문맥상 '일자리를 제안했을 지도 모른다'가 되어야 의미가 자연스러우므로 괄호 안에는 추측을 나타내는 may가 적절하다.

어구 competing company 경쟁회사 offer 제안, 제안하다

1. The Congress has passed a new law to prevent stores from using plastic bags. In order to take their purchases home, consumers _____ bring their own bags in accordance with the new law.

   (a) can
   (b) will
   (c) must
   (d) might

2. As part of the office remodeling project, all conference rooms are scheduled for painting this month. We have confirmed that the cafeteria _____ be available for meetings every morning before 12:00.

   (a) will
   (b) must
   (c) shall
   (d) might

3. At times, the freedom of the press are abused. Acting on the contention that facts are sacred, reporters _____ cause untold suffering to individuals by publishing details about their private lives.

   (a) will
   (b) would
   (c) can
   (d) must

4. We have very strict regulations about the way visitors take a tour around the museum. For one, you _____ not touch artworks displayed at the museum because they are easily damaged.

   (a) would
   (b) could
   (c) might
   (d) should

5. Carol was giving a talk at parents' night in her school. She decided to begin with a joke. Unfortunately, she forgot that an audience of adults _____ be quite different from her friends. As she completed the joke, there was stony silence.

   (a) will
   (b) can
   (c) might
   (d) shall

6. Most people spend too little time on preparation for a meeting. When they get to the meeting, they find their hands tied, and time is wasted doing things that _____ have been handled before the meeting.

   (a) can
   (b) will
   (c) must
   (d) should

7. The high crime rate in our city are due largely to our not having any factories to provide regular employment. If we want to do away with our present delinquency problem, we _____ endeavor to make our city a center of manufacturing.

    (a) will
    (b) must
    (c) shall
    (d) could

8. Steve has already started from his house, and is on his way to Tottenham Hotspur Stadium. Considering how close his house is to the stadium, I'm sure he _____ be there in time for the start of the game.

    (a) may
    (b) will
    (c) could
    (d) should

9. We are always pleased with the wide variety of choices on the restaurant's menu. Apart from the usual Italian cuisine, we _____ also order special dishes from other parts of Europe.

    (a) can
    (b) should
    (c) will
    (d) may

10. We have a strange belief in the power of signals. Actually, a line on the street or a traffic light in the air _____ keep cities from getting sued, but it does nothing to prevent a driver from misbehaving.

    (a) must
    (b) should
    (c) would
    (d) may

11. When I opened the door to light the stove this morning, I found Wendy reading under a streetlight. She _____ have been there all night long, for her shoulders were covered with frost.

    (a) must
    (b) will
    (c) would
    (d) should

12. People want to walk on and look at a carpet, not own it. They _____ obtain those services at much lower cost if the company owns the carpet and remains responsible for keeping it in good shape.

    (a) will
    (b) can
    (c) must
    (d) may

13. Seattle Animal Shelter is hosting 'Adoption Special' for homeless animals at Wallingford Senior Center. Adopters _____ be able to decide on and pay their adoption fee for the animal of their choice on Friday, June 7th.

    (a) can
    (b) may
    (c) must
    (d) will

14. In all crimes, detectives take samples of evidence from the scene. In many cases 20 years ago, the police _____ not always identify important evidence such as body fluids. In these cases, they stored the evidence in a freezer.

    (a) will
    (b) might
    (c) could
    (d) should

15. Most people believe that praise builds up children's confidence and makes them feel secure. In fact, praise _____ result in misbehavior because his own picture of himself is quite different.

    (a) will
    (b) may
    (c) must
    (d) should

16. Andrew won't turn up for work today because he has to keep his word. It's his daughter's seventh birthday, and Andrew has promised that he _____ take her to the amusement park.

    (a) will
    (b) must
    (c) can
    (d) may

17. Liberals tend to view politics and economics as separate areas of activity. They believe that the role of government _____ be limited to creating an open environment in which individuals can freely express their economic preferences.

    (a) will
    (b) may
    (c) should
    (d) could

18. Hosting the Olympic Games involves huge construction projects. Although Pierre de Coubertin _____ have had idealistic notions of pure amateur competition, the Olympic Games have become a big business.

    (a) will
    (b) would
    (c) should
    (d) might

MEMO

연결어

개요1 출제문항 수

지텔프 문법에서 연결어는 문법 26문항 중에서 2문항이 출제된다.

개요2 연결어의 개념

연결어에는 접속부사, 등위 접속사, 부사절 접속사, 전치사가 있다.

① 접속부사는 문장 전체를 수식하는 부사로, 앞 문장과 뒤 문장의 의미를 연결한다.
② 부사절 접속사는 '부사절 접속사 + 주어 + 동사~'의 형태로 부사적 수식어가 된다.
③ 등위접속사는 문장과 문장을 대등하게 연결하는 접속사이다.
④ 전치사는 '전치사 + 명사/동명사'의 행태로 부사적 수식어가 된다.

개요3 지텔프 문법

① 해석을 통해 문맥에 알맞은 연결어를 고르는 문제가 출제된다.
② 접속부사와 부사절 접속사의 출제빈도가 높다.
③ 'This is because + 주어 + 동사'를 공식으로 암기하면 좋다.

개요4 **문제 풀이 단계**

① 1단계 : 선택지 (a)~(d)가 모두 연결어로 구성되어 있음을 확인한다.

   (a) Besides

   (b) Therefore

   (c) However

   (d) Similarly

② 2단계 : 빈칸 앞과 뒤의 특징을 통해 연결사의 종류를 정하고 문장을 해석한다.

  · Last week I bought one of the AllSave brand 8-inch flashlights. I was very excited about this purchase because it seemed like a good deal. _____, after approximately ten hours of use, it stopped functioning.

   (a) Besides

   (b) Therefore

   (c) However

   (d) Similarly

③ 3단계 : 연결어 공식에 일치하는 선택지를 선택한다.

   (a) Besides

   (b) Therefore

   (c) However

   (d) Similarly

❶ 개념

문장과 문장의 의미를 연결하는 부사로 앞 뒤 문장의 의미를 자연스럽게 연결한다.

❷ 출제 방식

뒤 문장 맨 앞에서 쉼표(,)와 함께 사용되며, 앞 뒤 문장 해석을 통해 알맞은 연결사를 채우는 문제로 출제된다.

– 앞 문장. 연결사, 뒤 문장

❸ 접속부사의 종류

비교/대조	however(하지만), on the other hand(반면에) on the contrary(반대로), in contrast(그에 반해서) instead(그 대신에), otherwise(그렇지 않으면),
비교/유추	likewise/similarly(마찬가지로)
양보	nevertheless/nonetheless/still(그럼에도 불구하고) even so(그렇기는 하지만)
추가	moreover/furthermore/besides/in addition(게다가)
인과	therefore/thus/hence(따라서) consequently/as a result(그 결과)
부연설명	in other words(다시 말해서) indeed(정말, 실제로)
부연 또는 대조	in fact/as a matter of fact(사실, 사실은)
예시	for example/for instance(예컨대)
기타	meanwhile(그 동안에, 한편), afterwards(나중에) finally(마침내, 마지막으로), eventually(마침내) after all(결국에는), altogether(전체적으로, 대체로) unfortunately(유감스럽게도), naturally(당연히, 자연스럽게) in the first place(우선, 첫째로), then(그리고 나서)

4 **예문**

· Artificial milk has one advantage always tastes the same. **On the other hand**, mother's milk, can change flavor.

인공 우유는 항상 똑같은 맛이 난다. 반면에, 모유는 맛이 변할 수 있다.

· The situation must have been embarrassing. **Even so**, I think she made a bit of a fuss.

그 상황이 난처했음이 틀림없다. 그렇기는 하지만, 나는 그녀가 좀 법석을 떨었다고 생각한다.

· The company provides cheap Internet access. **In addition**, it makes shareware freely available.

그 회사는 값싼 인터넷 접속을 제공한다. 게다가 셰어웨어를 무료로 이용할 수 있게 한다.

· Her success was secured by two factors. **In the first place**, she had the support of managers.

그녀의 성공은 두 가지 요인에 의해 거두게 되었다. 첫째로, 그녀는 매니저들의 지원을 받았다.

▨ **괄호 안에 들어갈 알맞은 것을 고르시오.**

01 Karen needs to pur more effort into her work. (For instance / Otherwise), she will miss her chance to get promoted this year.

02 Most of the evidence was destroyed in the fire. (However / Thus), it would be almost impossible to prove him guilty.

03 Bob spent fifteen months on his yacht. (Meanwhile / Besides), Ann took care of the children on her own.

04 Determining the age of human fossils makes it possible to understand when and where the first humans emerged. (Nonetheless / Similarly), the dating of artifacts left by humans helps them understand the growth of early societies.

05 I knew him when we were in college. (As a matter of fact / Eventually), we were on the same course.

01 정답 **Otherwise**

해석 Karen은 자신의 일에 더 많은 노력을 들일 필요가 있다. <u>그렇지 않으면</u>, 그녀는 올해 승진할 기회를 놓칠 것이다.

해설 앞 문장과 뒤 문장이 대조의 의미를 가지면서 문맥상 '그렇지 않으면'이 자연스러우므로 괄호 안에는 Otherwise가 적절하다.

어구 effort 노력 miss 놓치다 get promoted 승진하다

02 정답 **Thus**

해석 대부분의 증거가 화재로 파괴되었다. <u>따라서</u>, 그를 유죄로 입증하는 것은 거의 불가능 할 것이다.

해설 앞 문장과 뒤 문장이 원인과 의미를 가지므로 괄호 안에는 Thus가 적절하다.

어구 evidence 증거 destroy 파괴하다 prove 입증하다 guilty 유죄의

03 정답 **Meanwhile**

해석 Bob은 자기 요트에서 15개월을 보냈다. <u>그 동안에</u> Ann은 혼자서 아이들을 돌보았다.

해설 앞 문장과 뒤 문장이 동시에 발생한 일을 나열하고 있으므로 괄호 안에는 Meanwhile이 적절하다.

어구 take care of ~을 돌보다 on one's own 혼자서

04 정답 **Similarly**

해석 인간 화석의 시기를 결정하는 것은 최초의 인간이 언제 어디에서 출현되었는지를 이해하는 것을 가능하게 한다. <u>마찬가지로</u>, 인간에 의해 남겨진 유물의 연대결정은 초기 사회들의 발달을 이해하는 데 도움이 된다.

해설 '인간 화석의 시기결정'이 인간의 출현에 대해 이해하게 하고, '인간 유물의 연대결정'이 초기사회를 이해하게 한다는 유사내용의 비교이므로 괄호 안에는 Similarly가 적절하다.

어구 determine 결정하다 age 시기 fossil 화석 emerge 출현하다 dating 연대결정 artifact 유물 growth 성장, 발달

05 정답 **As a matter of fact**

해석 우리가 대학교 다닐 때 그를 알았다. <u>사실</u>, 우리는 같은 강의를 들었다.

해설 뒤 문장이 앞 문장의 내용을 부연하면서 구체적으로 설명하므로 괄호 안에는 As a matter of fact가 적절하다.

어구 be in college 대학에 다니다 course 강의, 교과과정

① **개념**

접속사에는 등위접속사와 부사절 접속사가 있다. 접속사는 문장(주어+동사)과 문장을 연결하며, 전치사는 명사 또는 동명사와 결합하여 부사적 수식어로 만든다.

② **출제 방식**

문장 해석을 통해 문맥에 알맞은 접속사전치사를 채우는 문제로 출제된다.

① 등위접속사는 절과 절 사이에 위치하여 두 개의 절을 대등하게 연결한다.

주어 + 동사~, 등위접속사 + 주어 + 동사

② 부사절 접속사는 문장 앞에서 또는 문장과 문장 사이에서 사용된다.

부사절접속사 + 주어 + 동사~, 주어 + 동사

주어 + 동사~ + 부사절접속사 + 주어 + 동사

③ 전치사는 문장 앞 또는 사이에서 쓰인다.

전치사 + 명사/동명사, 주어 + 동사

주어 + 동사~ + 전치사 + 명사/동명사

③ **등위접속사의 종류**

등위접속사에는 and(그리고), but(그러나), or(또는), so(그래서)가 있다.

· Ellie was waiting for him when a car stopped beside her, **and** two men got out of the car.

Ellie가 그를 기다리고 있었을 때, 한 차가 그녀 옆에 멈추고, 두 명의 남자가 차에서 내렸다.

· He's short and not really handsome, **but** women still find him attractive.

그는 키가 작고 사실 잘 생기지는 않았지만, 여자들은 여전히 그를 매력적이라고 생각한다.

4 부사절 접속사와 전치사의 종류

	부사절 접속사	전치사
시간	while(~하는 동안, ~인 반면, ~이지만) when(~할 때), until(~까지) after(~후에), before(~전에) whenever(~할 때마다) as soon as(~하자마자) once(~하자마자, 일단 ~하면)	during(~동안) until(~까지) after(~후에) before(~전에) since(~이래로)
이유	because(~때문에) as(~때문에, ~할 때) since(~때문에, ~이래로) now that(~이므로)	because of(~때문에) due to(~때문에)
조건	if(~라면), unless(~아니라면) as long as(~하는 한) provided that(~라면, ~라는 조건으로) in case(~인 경우라면, ~경우를 대비하여)	in case of(~인 경우에)
양보	although/though/even though(~이지만) even if(~이지만), whereas(~인 반면)	despite(~에도 불구하고) in spite of(~에도 불구하고)
기타	so that/in order that(~할 수 있도록) so ~ that ~ (너무 ~해서 ~하다) no matter how(아무리 ~하더라도) wherever(~하는 어디든)	instead of(~대신에) in addition to(~에 더하여) besides(~외에도) aside from(~외에도)
	rather than(~라기 보다는)	

· Patrick doesn't want to make an accusation until he has some proof.

Patrick은 어느 정도의 증거가 있을 때까지는 혐의를 제기하기를 원하지 않는다.

· No matter how hard I tried to remain calm, I couldn't keep my voice from trembling.

아무리 열심히 진정하려고 해도, 나는 목소리가 떨리는 것은 막을 수가 없었다.

· Many jobs in manufacturing were lost during the recession.

경기침체 동안 제조업 부문에서 많은 일자리가 없어졌다.

· In spite of her constant reminders, he forgot to do the task.

그녀의 계속된 상기시키는 주의에도 불구하고, 그는 그 일을 할 것을 잊어버렸다.

▨ 괄호 안에 들어갈 알맞은 것을 고르시오.

01   Laura went back to live with her mother (instead / since) she did not make enough money to live in her own house.

02   (Because / Even though) the shooting has stopped for now, the destruction left behind is enormous.

03   The interior minister said he would still support them (as long as / as soon as) they didn't break the rules.

04   The processing plant was using hydrocarbon, (so / but) we could not completely eliminate the emissions.

05   Relief workers have been unable to approach the village (due to / instead of) the thick snow and landslides.

01 　정답　**since**

　해석　Laura는 자신의 어머니와 함께 살기 위해 돌아갔는데, 그녀는 자신의 집에서 살 만큼 충분한 돈이 벌지 못했기 때문이다.

　해설　괄호 다음에 '주어+동사'가 왔으므로 접속사가 필요하며, 문맥상 '때문에'라는 의미가 자연스러우므로 괄호 안에는 이유의 접속사 since가 적절하다.

　어구　make money 돈을 벌다

02 　정답　**Even though**

　해석　총격이 지금은 멈췄지만, 남겨진 파괴는 엄청나다.

　해설　문맥상 '총격이 멈췄지만'이라는 의미가 되어야 자연스러우므로 괄호 안에는 양보의 접속사 Even though가 적절하다.

　어구　shooting 총격, 사격 destruction 파괴 enormous 엄청난

03 　정답　**as long as**

　해석　내무장관은 그들이 규칙을 어기지 않는 한, 여전히 그들을 지원할 것이라고 말했다.

　해설　문맥상 '~하는 한'이라는 의미가 되어야 자연스러우므로 괄호 안에는 as long as가 적절하다.

　어구　interior minister 내무장관 support 지원하다

04 　정답　**so**

　해석　그 처리공장은 탄화수소를 쓰고 있으며, 그래서 우리는 배기가스를 완전히 없앨 수 없었다.

　해설　앞 문장과 뒤 문장이 원인과 결과의 관계이므로 괄호 안에는 so가 적절하다.

　어구　processing plant 처리공장 hydrocarbon 탄화수소 eliminate 없애다 emission 배기가스

05 　정답　**due to**

　해석　구조대원들은 두껍게 쌓인 눈과 산사태 때문에 그 마을에 접근할 수 없었다.

　해설　괄호 안에는 문맥상 이유를 의미하는 전치사 due to가 들어가야 자연스럽다.

　어구　relief worker 구조대원 be unable to do ~할 수 없다 approach 접근하다 thick 두꺼운 landslide 눈사태

1. Gilbert turned down the offer of a job at an investment bank in New York city. He's very happy with his current job and he doesn't want to leave his girlfriend. _____, he would have take out loans to find a good house.

   (a) Moreover
   (b) For instance
   (c) Instead
   (d) As a result

2. Sometimes certain eras or events from our past receive little or no attention. This might be _____ the subjects are controversial or shameful, and we are reluctant to face them.

   (a) until
   (b) however
   (c) because
   (d) whereas

3. Composer and producer Grace is very pleased with the comments she received about her second album. _____, one music critic even said her album was so well made that it outclassed the work of many producers.

   (a) In fact
   (b) In short
   (c) Still
   (d) Thus

4. Ostentation can be a credible boast of quality. A good example of this is the peacock's tail. _____ it may appear to be a wasteful display, the showy tail actually has the purpose of showing that the male is healthy.

   (a) Because
   (b) Although
   (c) As long as
   (d) Unless

5. Emotions played an important part in our evolutionary history and helped us survive. _____, by seeing disgust on someone's face when presented with moldy food, we were able to avoid eating something dangerous.

   (a) Afterward
   (b) However
   (c) For instance
   (d) Besides

6. Jackson Pollock claimed that works of art should be appreciated as independent objects. He began giving the works numbers instead of titles _____ viewers would focus on the paint rather than on the subject.

   (a) unless
   (b) in case
   (c) because
   (d) so that

7. After studying the catalogue and price list, we have no doubt we could obtain good orders for many of the items. _____, we feel you are placing both yourself and us at a disadvantage by adopting a cash settlement basis.

    (a) Besides
    (b) Consequently
    (c) In fact
    (d) However

8. Harry Truman was considered very poorly qualified for the position of president. _____ his little experience, however, Truman became a very strong president. His reading gave him the required insight into world problems.

    (a) Instead
    (b) Since
    (c) Besides
    (d) Despite

9. Managers complain about flexible work schedules because they are complicated to manage. _____, productivity and job satisfaction of federal workers rose rapidly after the government implemented flexible work schedules.

    (a) Moreover
    (b) Nonetheless
    (c) Otherwise
    (d) Therefore

10. At times, most of us mistake a few negative thoughts for a serious problem in our relationship. _____ dismissing the thoughts, we take our self-created frustration on our partner as if he or she were the real problem.

    (a) When
    (b) Rather than
    (c) In addition to
    (d) Aside from

11. Sally's new puppy was scared of its strange surroundings and spent a few weeks hiding around the house. _____, the puppy became used to the house and started to sit on Sally's sofa.

    (a) Eventually
    (b) Consequently
    (c) Unfortunately
    (d) On the other hand

12. People with hope have some traits in common. They turn to friends for advice. _____ they face difficult situations, they don't step backward and instead, they tend to search for solutions.

    (a) Whenever
    (b) Until
    (c) Since
    (d) Now that

13. The existence of a reputation and a history of an activity for an area may have important effects on the economic success or failure of an event. _____, events do not take place in a vacuum and they depend on an existing context.

(a) on the other hand
(b) even so
(c) in other words
(d) unfortunately

14. College students represent a part of the population that does not get enough sleep. A study found that only 11 percent of college students consistently slept well, _____ 73 percent experienced at least occasional sleep issues.

(a) unless
(b) hence
(c) after
(d) while

15. Baby birds are fed in the nest by their parents. The loudness with which each baby screams is proportional to how hungry he is. _____, if the parent always gives the food to the loudest screamer, they should all get their fair share.

(a) Meanwhile
(b) Therefore
(c) Even so
(d) Furthermore

16. Make sure you choose a breed that would love to walk with you and not be too much to handle. Larger dogs can be good walking partners, but _____ they are well trained, they'll end up dragging you down the street.

(a) since
(b) because
(c) unless
(d) even if

17. Taste and smell are intimately related. People are surprised to learn that what they think of as taste is more often a matter of smell. Foods lose their flavor when you have a cold _____ your diminished sense of smell.

(a) because of
(b) in spite of
(c) instead of
(d) in case of

18. 'Red ocean' indicates a market that is already in existence today. In red oceans, companies compete with each other to gain a greater share of existing demand, _____ this reduces prospects for profits and growth for everyone involved.

(a) once
(b) and
(c) because
(d) before

친절한영어
제석강

경찰공무원 · 소방공무원 · 군무원 대비   www.modoocop.com | www.modoofire.com | www.modoogun.com

실전문제
정답 및 해설

1	2	3	4	5
(d)	(c)	(a)	(c)	(a)
6	7	8	9	10
(d)	(b)	(c)	(a)	(b)
11	12	13	14	15
(b)	(d)	(c)	(a)	(b)
16	17	18		
(d)	(b)	(c)		

1. **정답** (d)

해석 한 여대생이 자신의 아버지에게 정말 화가 났는데 왜냐하면 그가 자신의 근로자들을 잘 대우하지 않았기 때문이었다. 그녀는 그가 그 이익을 직원들과 함께 나누기를 요구했다. 그녀는 그에게 근로자들이 얼마나 부당하게 대우받는지 설명했다.

해설 'that+주어+동사'에서 that 앞에 주장/요구/제안/명령을 나타내는 demanded가 있으므로 should가 생략된 동사원형이 와야 한다. 따라서 빈칸에는 (d) share가 적절하다.

어구 upset 화난 treat 대우하다 demand 요구하다 profit 이윤 unfairly 부당하게 share 공유하다, 함께 나누다

2. **정답** (c)

해석 요즘, 소비자들은 실제로 필요한 것보다 훨씬 더 많은 제품 정보를 제공받고 있다. 현명하게 지출하기 위해서는 소비자들이 노출되는 모든 선택권에 압도되지 않는 것이 중요하다.

해설 'that+주어+동사'에서 that 앞에 판단의 형용사인 vital이 있으므로 should가 생략된 동사원형이 와야 한다. 따라서 빈칸에는 (c) not be overcome 이 적절하다.

어구 customer 소비자, 고객 provide 제공하다 vital 중요한 expose 노출하다

3. **정답** (a)

해석 많은 사람들은 정부가 교육 서비스에 너무 많은 돈을 쓰고 있다고 생각한다. 그 결과, 대통령은 교육부가 그것의 예산요구를 줄이는 방법들을 알아볼 것을 명령했다.

해설 'that+주어+동사'에서 that 앞에 주장/요구/제안/명령을 나타내는 commanded가 있으므로 should가 생략된 동사원형이 와야 한다. 따라서 빈칸에는 (a) identify가 적절하다.

어구 command 명령하다 budget 예산 requirement 요구, 요구되는 것 identify 확인하다, 알아보다

4. **정답** (c)

해석 우리는 올림픽 펜싱 경기장에서 열릴 그 콘서트에 엄청난 수의 군중을 예상한다. 좋은 자리를 잡기 위해서는 공연이 시작되기 4시간 전에 공연장에 도착하는 것이 필요하다.

해설 'that+주어+동사'에서 that 앞에 판단의 형용사인 necessary가 있으므로 should가 생략된 동사원형이 와야 한다. 따라서 빈칸에는 (c) arrive가 적절하다.

어구 expect 예상하다 huge crowd 엄청난 수의 군중 hold 열다, 개최하다 venue (콘서트, 스포츠 경기 등) 장소 performance 공연

5. **정답** (a)

해석 메인 스트리트에 있는 지역 커피숍인 Coffee Haru는 글로벌 브랜드와 치열한 경쟁에 직면해 있다. 시장에 뒤처지지 않기 위해서 그 커피숍은 가능한 빨리 새롭게 단장되는 것이 중요하다.

해설 'that+주어+동사'에서 that 앞에 판단의 형용사인 important가 있으므로 should가 생략된 동사원형이 와야 한다. 따라서 빈칸에는 (a) be remodeled가 적절하다.

어구 local 지역의 fierce 치열한 competition 경쟁 global brand 세계적인 브랜드 keep abreast of ~에 뒤지지 않다 remodel 새로 단장하다

6. 정답 (d)

해석 회사 사장은 현재의 시장 경향에 대한 그녀의 보고서에 대해 Rachel에게 이야기하고 있다. 유감스럽게도 그녀는 그 리포트를 아직 끝내지 못했다. 그는 리포트가 다음 금요일까지 제출될 것을 요구하고 있다.

해설 'that+주어+동사'에서 that 앞에 주장/요구/제안/명령을 나타내는 is requiring이 있으므로 should가 생략된 동사원형이 와야 한다. 따라서 빈칸에는 (d) be handed in이 적절하다.

어구 paper 보고서 current 현재의 complete 끝내다 require 요구하다 hand in ~을 제출하다

7. 정답 (b)

해석 Vincent는 새로운 일자리 제안을 받아들일 것인지 결정하는데 어려움을 겪고 있다. 그의 아내는 그가 결정하기 전에 그 일자리의 장단점을 신중하게 따져보는 것이 필요하다고 말한다.

해설 'that+주어+동사'에서 that 앞에 판단의 형용사인 essential이 있으므로 should가 생략된 동사원형이 와야 한다. 따라서 빈칸에는 (b) weigh가 적절하다.

어구 have difficulty ~ing ~하는데 어려움을 겪다 job offer 일자리 제안 essential 필수적인 pros and cons 장단점 weigh 따져보다, 숙고하다

8. 정답 (c)

해석 수술 날에 나의 아내가 수술실에 들어가기 몇 분전에, 한 의사보조원이 그녀가 수술 동의서에 서명할 것을 요구했다. 그녀가 거절했을 때 마취과 의사는 수술을 취소하겠다고 위협했다.

해설 'that+주어+동사'에서 that 앞에 주장/요구/제안/명령을 나타내는 asked가 있으므로 should가 생략된 동사원형이 와야 한다. 따라서 빈칸에는 (c) sign이 적절하다.

어구 surgery 수술 operating room 수술실 physician 의사 assistant 의사보조원 anesthesiologist 마취과 의사 threaten 위협하다 cancel 취소하다

9. 정답 (a)

해석 New York Yankees 트레이너는 스타 투수인 Gerrit Cole이 가벼운 무릎 부상을 입었다는 것을 발견했다. 그는 그 선수가 그것이 회복되도록 하기 위해 그 선수가 3주 동안 어떤 경기도 하지 않아야 한다고 제안했다.

해설 'that+주어+동사'에서 that 앞에 주장/요구/제안/명령을 나타내는 suggested가 있으므로 should가 생략된 동사원형이 와야 한다. 따라서 빈칸에는 (a) not play가 적절하다.

어구 discover 발견하다, 알아내다 slight 가벼운 injury 부상 athlete 선수 allow 허락하다. 할 수 있게 하다 recover 회복하다

10. 정답 (b)

해석 미국에서 발생하는 300,000만 이상의 도로 교통사고는 운전하는 동안 휴대폰 사용에 기인한다. 예방조치로, 당국은 산만해지는 것을 피하기 위해 운전 중에 휴대폰 사용이 금지되어야 한다고 촉구하고 있다.

해설 'that+주어+동사'에서 that 앞에 주장/요구/제안/명령을 나타내는 is urging이 있으므로 should가 생략된 동사원형이 와야 한다. 따라서 빈칸에는 (b) not be banned가 적절하다.

어구 be ascribed to ~에 기인하다 precaution 예방조치 authorities 당국 behind the wheel 운전하는 avoid 피하다 get distracted 산만해지다 ban 금지하다

11. 정답 (b)

해석 그 도시는 증가하는 불법 이민자들을 다루는데 어려움을 겪고 있다. 비록 시장이 공공질서와 안전을 유지할 것을 약속하지만 더 많은 경찰관이 도시 전역이 배치되는 것이 정말 긴급하다.

해설 'that+주어+동사'에서 that 앞에 판단의 형용사인 urgent가 있으므로 should가 생략된 동사원형이 와야 한다. 따라서 빈칸에는 (b) be stationed가 적절하다.

어구 have trouble ~ing ~하는데 어려움을 겪다 illegal 불법의 immigrant 이민자 maintain

유지하다 **public order** 공공질서 **urgent** 긴급한 **station** 배치하다

12. 정답 (d)

해석 그 도시의 많은 도로들은 너무 좁아서 밤낮으로 모든 시간에 교통정체가 있다. 주민들이 도로 건설 요청서를 보내지만, 많은 도시 계획 설계자들은 사람들이 자신의 차를 사용하지 않는 것이 바람직하다고 생각한다.

해설 'that+주어+동사'에서 that 앞에 판단의 형용사인 advisable이 있으므로 should가 생략된 동사원형이 와야 한다. 따라서 빈칸에는 (d) not use가 적절하다.

어구 **narrow** 좁은 **traffic jam** 교통정체 **resident** 주민 **request** 요청 **construction** 건설 **urban** 도시의 **advisable** 바람직한

13. 정답 (c)

해석 한 명품 매장이 어제 아침 경찰에 절도 사건을 신고했다. 그 가게에 도착한 경찰관들은 그 사건이 일어난 날의 CCTV 영상을 제출할 것을 요청했다.

해설 'that+주어+동사'에서 that 앞에 주장/요구/제안/명령을 나타내는 requested가 있으므로 should가 생략된 동사원형이 와야 한다. 따라서 빈칸에는 (c) submit가 적절하다.

어구 **report** 신고하다 **request** 요청하다 **footage** 영상, 화면 **incident** 사건 **submit** 제출하다

14. 정답 (a)

해석 나의 이모 Martha는 지난 목요일 끔찍한 가슴 통증을 겪었다. 그녀가 Lexington에 있는 켄터키 대학병원에 옮겨졌을 때, 의사는 그녀에게 그녀가 즉시 심장수술을 받는 것이 필요하다고 말했다.

해설 'that+주어+동사'에서 that 앞에 판단의 형용사인 imperative가 있으므로 should가 생략된 동사원형이 와야 한다. 따라서 빈칸에는 (a) undergo가 적절하다.

어구 **suffer** 겪다 **chest** 가슴 **imperative** 필요한, 긴급한 **heart surgery** 심장수술 **undergo** 받다

15. 정답 (b)

해석 점점 더 많은 아이들이 그들이 먹는 건강에 좋지 않은 음식 때문에 과체중 또는 비만이 되고 있다. 이 문제를 해결하기 위해서 영양전문가들은 아이들이 패스트푸드 대신에 균형 잡힌 건강한 식단을 먹어야 한다고 권고한다.

해설 'that+주어+동사'에서 that 앞에 주장/요구/제안/명령을 나타내는 recommend가 있으므로 should가 생략된 동사원형이 와야 한다. 따라서 빈칸에는 (b) eat가 적절하다.

어구 **overweight** 과체중인 **obese** 비만인, 뚱뚱한 **nutrition expert** 영양전문가 **recommend** 권고하다 **diet** 식사, 식단

16. 정답 (d)

해석 Marianne는 자신의 남편의 일중독에 대해 걱정한다. 그는 종종 저녁과 주말에 초과근무를 하며, 심지어 사무실에서 집으로 일을 가져온다. 그녀는 그가 건강을 유지하기 위해 업무량을 줄일 것을 충고하고 있다.

해설 'that+주어+동사'에서 that 앞에 주장/요구/제안/명령을 나타내는 is advising이 있으므로 should가 생략된 동사원형이 와야 한다. 따라서 빈칸에는 (d) reduce가 적절하다.

어구 **concerned** 걱정하는 **workaholism** 일중독 **workload** 업무량 **stay healthy** 건강을 유지하다 **reduce** 줄이다

17. 정답 (b)

해석 성공한 많은 사람들이 좋은 습관을 들이는 것의 중요성을 강조한다. 독서가 제2의 천성이 되도록 어릴 때부터 독서 습관을 기르는 것이 매우 권장된다.

해설 'that+주어+동사'에서 that 앞에 주장/요구/제안/명령을 나타내는 recommended가 있으므로 should가 생략된 동사원형이 와야 한다. 따라서 빈칸에는 (b) cultivate가 적절하다.

어구 **stress** 강조하다 **get into a habit** 습관을 들이다 **recommend** 권고하다, 권장하다 **second nature** 제2의 천성 **cultivate** 기르다

18. 정답 (c)

해석 Sarah는 이 소포를 뉴욕으로 보내려고 한다. 이 소포는 지체 없이 그리고 내용물이 훼손되지 않고 그녀의 사무실에 도착해야 한다. 그 프로젝트를 진행하기 위해 영업부장이 제 때에 그 박스를 받는 것이 중요하다.

해설 'that+주어+동사'에서 that 앞에 판단의 형용사인 crucial이 있으므로 should가 생략된 동사원형이 와야 한다. 따라서 빈칸에는 (c) receive가 적절하다.

어구 package 소포 mail 보내다, 부치다 parcel 소포 delay 지연, 지체 content 내용물 undamaged 훼손되지 않은 crucial 중요한 in time 제 때에 proceed 진행하다

1	2	3	4	5
(c)	(b)	(d)	(d)	(c)
6	7	8	9	10
(a)	(b)	(a)	(c)	(a)
11	12	13	14	15
(c)	(d)	(b)	(a)	(d)
16	17	18		
(c)	(d)	(b)		

1. 정답 (c)

해석 Robert는 그 사업상의 거래를 성사시기기를 간절히 바랐다. 하지만 그는 독감에 걸렸고 약속을 놓쳤다. 만약 그가 그렇게 아파 보이지 않았다면, 그는 그 거래를 성사시키기 위해 고객을 만났을 것이다.

해설 빈칸을 포함하는 문장에 가정법 과거완료를 나타내는 If he hadn't looked가 있으므로 주절의 동사에는 (c) would have met가 들어가야 적절하다.

어구 be anxious to do ~하기를 간절히 바라다 put through 성사시키다 catch the flu 독감에 걸리다 appointment 약속

2. 정답 (b)

해석 Bruce는 국내에서 최고의 테니스 선수들 중 한 명이었다. 하지만 그는 지금은 은퇴했고 손목과 무릎에 문제를 겪고 있다. 만약 그가 여전히 경기를 할 수 있다면, 올림픽 경기에 참가할 텐데.

해설 빈칸을 포함하는 문장에 가정법 과거를 나타내는 If he still could play가 있으므로 주절의 동사에는 (b) would take가 들어가야 적절하다.

어구 used to do ~했다 retired 은퇴한 take part in ~참가하다

3. 정답 (d)

해석 패션디자이너이자 여성잡지의 작가인 Martha는 편집자가 정한 매월 마감시간을 종종 맞추지 못한다. 만약 그녀가 집안일을 하느라 바쁘지 않다면, 이런 일은 일어나지 않을 것이다.

해설 빈칸을 포함하는 문장에 가정법 과거를 나타내는 If she weren't가 있으므로 주절의 동사에는 (d) wouldn't happen이 들어가야 적절하다.

어구 meet the deadline 마감시간을 맞추다 editor 편집자 be busy ~ing ~하느라 바쁘다 household chores 집안일

4. 정답 (d)

해석 Martin은 자신의 생각을 뒷받침하는 참고자료를 찾는 데 어려움을 겪었기 때문에, 그는 사회학 에세이를 예정보다 하루 늦게 제출했다. 만약 그 에세이가 시간에 맞춰 제출되었더라면, 그는 그 과제에 대해 더 높은 점수를 받았을 것이다.

해설 빈칸을 포함하는 문장에 If가 있으면서 주절에 'would have p.p.'의 형태인 would have got가 있으므로 If절에는 가정법 과거완료를 만드는 (d) had been submitted가 들어가야 적절하다.

어구 reference 참고 hand in 제출하다 sociology 사회학 assignment 과제, 임무 submit 제출하다 on time 시간에 맞춰

5. 정답 (c)

해석 나는 헬스클럽이 시끄럽고 붐빌 수 있기 때문에 그 곳에서 운동하고 싶지 않다. 만약 나의 집 근처에 멋진 공원에 있다면, 아침 일찍 조깅하는 것을 규칙으로 할 것이다. 하지만 지금으로서는, 나는 그저 집 앞마당에서 계속 줄넘기를 할 것이다.

해설 빈칸을 포함하는 문장에 가정법 과거를 나타내는 if there were가 있으므로 주절의 동사에는 (c) would make가 들어가야 적절하다.

어구 feel inclined to do ~하고 싶다 exercise 운동하다 gym 헬스클럽, 체육관 crowded 붐비는 for now 지금으로서는 continue 계속 하다 jump rope 줄넘기

6. 정답 (a)

해석 시애틀에 있는 한 IT 기업이 나를 프로그래머로 고용하고 싶어 했지만, 나는 그 제안을 거절할 수밖에 없었다. 만약 그 기업이 내가 바라는 급여에 동의했더라면, 나는 아무 주저 없이 그 일자리를 받아들였을 것이다.

해설 빈칸을 포함하는 문장에 If가 있으면서 주절에 'would have p.p.'의 형태인 would have accepted가 있으므로 If절에는 가정법 과거완료를 만드는 (a) had agreed가 들어가야 적절하다.

어구 have no choice but to do ~할 수 밖에 없다 decline 거절하다 agree 동의하다 without hesitation 망설임 없이, 주저하지 않고

7. 정답 (b)

해석 향유고래는 지금 국제자연보호연맹에 의해 멸종 위기에 처한 종으로 여겨지고 있다. 만약 우리가 많은 노력을 쏟는다면, 그 고래는 새끼를 낳고 기르는데 수월할 것이다.

해설 빈칸을 포함하는 문장에 가정법 과거를 나타내는 If we made가 있으므로 주절의 동사에는 (b) would have가 들어가야 적절하다.

어구 endangered 멸종 위기에 처한 species 종 have an easy time ~ing ~하는데 수월하다 give birth to ~을 낳다 rear 기르다

8. 정답 (a)

해석 Kevin의 할머니는 그에게 더 자주 방문하라고 계속 얘기한다. 하지만, 그는 빡빡한 일정 때문에 그렇게 할 시간을 내는데 어려움을 겪는다. 만약 그가 업무량이 더 적다면, 그는 그녀와 더 많은 시간을 보낼 것이다.

해설 빈칸을 포함하는 문장에 If가 있으면서 주절에 'would 동사원형'의 형태인 would spend가 있으므로 If절에는 가정법 과거를 만드는 (a) had가 들어가야 적절하다.

어구 keep ~ing 계속 ~하다 have trouble ~ing ~하는데 어려움을 겪다 light 가벼운, 많지 않은 workload 업무량

9. 정답 (c)

해석 나의 친구 Julia는 유행하는 옷고 구두에 자신의 급여 대부분을 써서, 지난달 신용카드 청구서를 지불할 수 없었다. 만약 그녀가 그것들을 사지 않았더라면, 그녀는 청구서를 지불할 충분한 돈이 있었을 것이다.

해설 빈칸을 포함하는 문장에 가정법 과거완료를 나타내는 Had she not purchased가 있으므로 주절의 동사에는 (c) would have had가 들어가야 적절하다.

어구 fashionable 유행하는 bill 청구서, 계산서 purchase 사다, 구매하다

10. 정답 (a)

해석 Patrick은 결함이 있는 드릴 때문에 그의 팔에 경상을 입었다. 그는 그 제품을 제조한 회사를 고소하기를 원했지만, 변호사 수임료가 너무 비싸다는 것을 알았다. 만약 그가 그것을 할 여유가 된다면, 그는 손해배상소송을 제기할 것이다.

해설 빈칸을 포함하는 문장에 If가 있으면서 주절에 'would 동사원형'의 형태인 would bring이 있으므로 If절에는 가정법 과거를 만드는 (a) could afford가 들어가야 적절하다.

어구 suffer 당하다, 입다 minor injury 경상 defective 결함이 있는 sue 고소하다 lawyer's fee 변호사 수임료 action for damages 손해배상소송

11. 정답 (c)

해석 Jessica는 수학 수업에 어려움을 겪고 있는데, 주로 그녀가 연습문제를 거의 풀지 않기 때문이다. 만약 그녀가 더 열심히 공부한다면, 수업을 따라잡는 것을 더 쉽다고 여길 것이다.

해설 빈칸을 포함하는 문장에 가정법 과거를 나타내는 If she studied가 있으므로 주절의 동사에는 (c) would find가 들어가야 적절하다.

어구 have difficulty in ~에 어려움을 겪다 do exercises 연습문제를 풀다 catch up with ~을 따라잡다

12. 정답 (d)

해석 ABC 뉴스는 그 비행기가 엔진고장 때문에 통제를 벗어나 추락했다고 보도했다. 만약 항공사가 엔진을 세심하게 점검했더라면, 그 사고가 일어나지 않았을 것이라고 사람들은 말한다.

해설 빈칸을 포함하는 문장에 가정법 과거완료를 나타내는 if the airplane company had checked가 있으므로 주절의 동사에는 (d) wouldn't have happened가 들어가야 적절하다.

어구 go out of control 통제를 벗어나다 crash 추락하다, 충돌하다 engine trouble 엔진고장

13. 정답 (b)

해석 Casey는 또다시 그녀의 반 친구와 크게 다투었다. 만약 내가 그 상황이 얼마나 심각한지 알았더라면, 그녀를 돕기 위한 방법을 찾으려고 노력했을 것이다. 하지만, 선생님들은 나에게 전혀 전화하지 않았다.

해설 빈칸을 포함하는 문장에 If가 있으면서 주절에 'would have p.p.'의 형태인 would have found가 있으므로 If절에는 가정법 과거완료를 만드는 (b) had realized가 들어가야 적절하다.

어구 argument 말다툼, 논쟁 serious 심각한 try to do ~하려고 노력하다 realize 깨닫다, 알아차리다

14. 정답 (a)

해석 Justin은 어제 펜치를 살 것을 잊어버렸다. 그는 그 도구가 없지만 여전히 계속해서 일하고 있다. 만약 내가 그라면, 그 일을 순조롭게 진행하기 위해 그 도구를 살 것이다.

해설 빈칸을 포함하는 문장에 가정법 과거를 나타내는 Were I him이 있으므로 주절의 동사에는 (a) would buy가 들어가야 적절하다.

어구 forget to do ~할 것을 잊다 plier 펜치 tool 도구 continue 계속하다 implement 도구 progress 진행되다 smoothly 순조롭게

15. 정답 (d)

해석 Gordon은 과학박람회를 위해 춤추는 로봇을 만들기 위해 노력하고 있다. 하지만 그 프로젝트를 끝내는데 겨우 15일도 남지 않았다. 만약 그에게 더 많은 시간이 있다면, 그는 로봇을 완성하고, 아마 일등으로 입상할 수 있을 것이다.

해설 빈칸을 포함하는 문장에 가정법 과거를 나타내는 if he had가 있으므로 주절의 동사에는 (d) could complete가 들어가야 적절하다.

어구 try to do ~하려고 노력하다 science fair 과학박람회 barely 겨우 complete 완성하다

16. 정답 (c)

해석 복면을 쓴 사람이 어젯밤 5번가에 있는 한 편의점을 털려고 시도했다. 만약 간식을 사기위해 잠깐 들렀던 비번인 한 경찰관이 그를 용케 체포하지 않았다면, 그 강도는 그 상점의 돈을 가져갔을 것이다.

해설 빈칸을 포함하는 문장에 가정법 과거완료를 나타내는 if an off-duty police officer had managed가 있으므로 주절의 동사에는 (c) would have taken이 들어가야 적절하다.

어구 masked 복면을 쓴 attempt 시도하다 rob 털다 off-duty 비번인 drop by 잠깐 들르다 manage to do 용케 ~해내다 arrest 체포하다, 막다

17. 정답 (d)

해석 Brandon은 자신의 감정에 대해 더 나은 자제력을 가지기를 바란다. 그가 어제 회의 중에 자신의 감정을 드러내지 않았더라면, 그는 파트너와의 100만 달러짜리 거래를 성사시킬 수 있었을 것이다.

해설 빈칸을 포함하는 문장에 가정법 과거완료를 나타내는 if he had not betrayed가 있으므로 주절의 동사에는 (d) could have closed가 들어가야 적절하다.

어구 self-control 자제력 emotion 감정 betray 드러내다 close a deal 거래를 성사시키다

18. 정답 (b)

해석 Joan은 전기 레인지가 갑자기 고장나서 가족을 위해 훌륭한 식사를 준비할 수 없다는 것을 알고 속상해 한다. 만약 전기레인지가 제대로 작동되기만 한다면, 그녀는 멋진 식사준비를 할 수 있을 것이다.

해설 빈칸을 포함하는 문장에 If가 있으면서 주절에 'could 동사원형'의 형태인 could cook이 있으므로 If절에는 가정법 과거를 만드는 (b) were working이 들어가야 적절하다.

어구 upset 속상한 discover 알다, 발견하다 break 고장나다 electric cooker 전기레인지 properly 제대로, 적절하다

1	2	3	4	5
(d)	(d)	(c)	(b)	(a)
6	7	8	9	10
(b)	(d)	(c)	(a)	(b)
11	12	13	14	15
(a)	(c)	(d)	(b)	(c)
16	17	18		
(a)	(d)	(b)		

1. 정답 (d)

해석 Roy는 배우가 되는 자신의 꿈을 진지하게 추구하고 있다. 그는 지금 5개월 동안 Lee Strasberg's Actors' Studio에서 연기를 배우고 있다. 그곳에 있는 동안 그는 실전 경험을 쌓고 자신의 연기 실력을 발전시키고 있다.

해설 현재완료진행시제의 단서인 for five months now가 있으므로 빈칸에는 (d) has been studying이 적절하다.

어구 earnestly 진지하게 pursue 추구하다 practical 실전의

2. 정답 (d)

해석 Camille는 슈퍼모델 나오미캠벨을 본 것에 대해 사무실에 있는 모든 사람에게 말해 왔다. 그녀는 모델로서의 화려한 삶을 항상 꿈꾸어왔다. Camille가 그 유명한 모델을 발견했을 때, 그녀는 한 호숫가 카페에서 커피를 마시고 있었다.

해설 과거진행시제의 단서인 when she spotted가 있으므로 빈칸에는 (d) was drinking이 적절하다.

어구 glamorous 화려한 lakeside 호숫가 spot 발견하다

3. 정답 (c)

해석 Sean은 TV로 야구 경기를 보고 있다. 그는 야구가 자신의 가장 좋아하는 스포츠라고 항상 말해왔다.

그 경기는 몇 시간 동안 지속될 것이고, 그것이 대략 11시에 끝날 때쯤, 그는 3시간 동안 소파에 앉아 있을 것이다.

해설 미래완료진행시제의 단서인 by the time it ends와 for three hours가 있으므로 빈칸에는 (c) will have been sitting이 적절하다.

어구 favorite 가장 좋아하는 last 지속되다 by the time ~때쯤

4. 정답 (b)

해석 연구자들은 공원에서 산책하는 것을 규칙으로 하는 사람들이 그러지 않는 사람들보다 더 적은 건강상 문제를 가지고 있다는 것을 발견했다. 이것을 근거로, 일부 의사들은 자신의 환자들에게 공원에서 산책을 즐길 것을 지금 충고하고 있다.

해설 선택지 (a)~(d)에 현재진행시제의 단서인 now가 있으므로 빈칸에는 (b) are now advising이 적절하다.

어구 make it a rule to do ~하는 것을 규칙으로 하다 patient 환자 advise 충고하다

5. 정답 (a)

해석 Spencer는 아이들에게 무상교육을 제공할 더 많은 학교를 짓기를 원했다. 그가 작년에 언론의 관심을 끌기 전에 수년 동안 대중에게 이 아이디어를 주장하고 있었다.

해설 과거완료진행시제의 단서인 for years와 before attracting the attention of the press last year가 있으므로 빈칸에는 (a) had been advocating이 적절하다.

어구 provide 제공하다 free education 무상교육 attract 끌다 attention 관심 advocate 주장하다, 지지하다

6. 정답 (b)

해석 Katherine은 어제 한 새로운 정치 잡지의 편집장의 일자리를 제안받았다. 그녀가 그 일자리 제안을 받아들인다면, 그녀는 이달 말 전에 자신의 자녀와 함께 워싱턴 디시로 이사하고 있을 것이다.

> **해설** 미래진행시제의 단서인 If she takes가 있으므로 빈칸에는 (b) will be moving이 적절하다.

> **어구** offer 제안하다 editor 편집장 political journal 정치 잡지 take up 받아들이다

7. 정답 (d)

> **해석** 어제 밤에 끔찍한 교통정체가 있었고, 나는 우회로를 택했지만 전혀 잘 되지 않았어. 나는 친구와의 약속에 지각했어. 내가 마침내 식당에 도착했을 때, 그들은 30분 동안 나에 대해 불평하고 있었다.

> **해설** 과거완료진행시제의 단서인 When I finally got와 for half an hour가 있으므로 빈칸에는 (d) had been complaining이 적절하다.

> **어구** traffic jam 교통정체 detour 우회로 work out 잘 풀리다 appointment 약속 complain 불평하다

8. 정답 (c)

> **해석** Julie는 매주 금요일에 학교 콘서트를 개최함으로써 학생들로부터 호의적인 반응을 얻는다. 지금 그녀는 더 많은 학생들이 콘서트를 즐길 수 있도록 다음 주 콘서트를 준비하고 있다.

> **해설** 현재진행시제의 단서인 At the moment가 있으므로 빈칸에는 (c) is preparing이 적절하다.

> **어구** favorable 호의적인 response 반응 hold 열다, 개최하다 at the moment 지금, 현재 so that ~할 수 있도록 prepare 준비하다

9. 정답 (a)

> **해석** 사는 최근 사무실 복사기의 사용에 관한 엄격한 방침을 이행할 것이라고 발표했다. 그 발표 이래로, 관리자들은 업무 이외의 어떤 것에 대해서도 복사기 사용을 제한해오고 있다.

> **해설** 현재완료진행시제의 단서인 Since the announcement가 있으므로 빈칸에는 (a) have been restricting이 적절하다.

> **어구** implement 이행하다 strict 엄격한 policy 방침 photocopier 복사기 other than ~외에 restrict 제한하다

10. 정답 (b)

> **해석** Silver Lot software사의 경영진은 경쟁사가 비슷한 프로그램을 개발하고 있다는 것을 알고 깜짝 놀랐다. 회사의 경영진은 이 문제를 다루기 위해 오늘 오후부터 일련의 회의를 열고 있을 것이다.

> **해설** 미래진행시제의 단서인 starting this afternoon이 있으므로 빈칸에는 (b) will be holding이 적절하다.

> **어구** management 경영진 astound 깜짝 놀라게 하다 competitor 경쟁상대 executive 경영진, 이사 a string of 일련의 address 다루다, 대처하다

11. 정답 (a)

> **해석** Kamala Harris는 요즘 도시에서 가장 인기 있는 사람들 중 한명이다. 그가 일전에 직장에서 집으로 돌아오는 동안, 그는 한 작은 여자아이가 물에 빠진 것을 보았고, 용케 그녀를 구해냈다.

> **해설** 과거진행시제의 단서인 While과 he saw가 있으므로 빈칸에는 (a) was returning이 적절하다.

> **어구** popular 인기 있는 the other day 일전에 drown 물에 빠지다 manage to do 용케 ~해내다

12. 정답 (c)

> **해석** Angelica는 지금 혼자서 특별한 식사를 준비하고 있다. 그녀의 동료들이 식사를 하러 올 것이다. 그녀의 손님이 나중에 도착할 때, 그녀는 3시간 이상 동안 식사를 준비하고 있을 것이다.

> **해설** 미래완료진행시제의 단서인 for more than three hours와 when her guests arrive가 있으므로 빈칸에는 (c) will have been arranging이 적절하다.

> **어구** prepare 준비하다 colleague 동료 arrange 준비하다, 마련하다

13. 정답 (d)

해석 Samantha는 한 전략회의에 참석할 예정인데, 그것은 시카고에서 열린다. 그녀는 길을 잃을까 걱정하지만 그럴 필요가 없다. 그녀의 비행기가 도착할 때, 직원 중 한명이 공항에서 그녀를 기다리고 있을 것이다.

해설 미래진행시제의 단서인 when her plane arrives 가 있으므로 빈칸에는 (d) will be waiting이 적절하다.

어구 be supposed to do ~할 예정이다 hold 열다, 개최하다 be concerned about ~에 대해 걱정하다

14. 정답 (b)

해석 소프트웨어 개발자로서, Claude는 매주 평균 60시간 이상을 일하면서 보낸다. 그는 새로운 프로젝트 때문에 최근 너무 스트레스를 받았다. 지금 그는 덜 힘든 일자리를 찾고 있다.

해설 현재진행시제의 단서인 Right now가 있으므로 빈칸에는 (b) is looking이 적절하다.

어구 be stressed out 스트레스를 받다 demanding 힘든

15. 정답 (c)

해석 Susanna Moore는 이곳에 이사 왔을 때, 전통적인 공예품을 모으기 시작했다. 그녀의 수집품이 늘어남에 따라, 그녀는 별개의 방에서 그것을 보관하기를 원한다. 이달 말쯤이면, 그녀는 거의 20년 동안 공예품을 수집하고 있을 것이다.

해설 미래완료진행시제의 단서인 By the end of this month와 for almost 20 years가 있으므로 빈칸에는 (c) will have been collecting이 적절하다.

어구 traditional 전통적인 artwork 공예품 separate 별개의

16. 정답 (a)

해석 나의 친구 Marvin은 어제 학교에 지각했다. 그는 자신의 책상 위에 둔 물리학 숙제를 가지러 집으로 돌아가야 했다. 그가 그것에 대해 기억했을 때, 그는 이미 지하철에서 내리고 있었다.

해설 과거진행시제의 단서인 When he remembered 가 있으므로 빈칸에는 (a) was already getting 이 적절하다.

어구 have to do ~해야 하다 assignment 과제, 숙제 get off 내리다

17. 정답 (d)

해석 최근 나의 삼촌 Roger는 세계를 여행할 것을 결심했다. 그가 지난주에 일을 그만두기 전에 쉬지 않고 25년 동안 일해 오고 있었다. 그는 목요일에 자신의 아내와 싱가포르로 떠날 것이다.

해설 과거완료진행시제의 단서인 for 25 years before 와 before he quit가 있으므로 빈칸에는 (d) had been working이 적절하다.

어구 make up one's mind 결심하다 non-stop 쉬지 않고 quit 그만두다

18. 정답 (b)

해석 Cindy는 의사의 진찰을 받기 위해 선생님에게 조퇴할 수 있는 지 물었다. 그녀는 점심을 먹은 이래로 심한 가려움을 겪고 있다. 그녀는 그것이 더 심각한 병의 증상일 수 있다고 걱정한다.

해설 현재완료진행시제의 단서인 since she had가 있으므로 빈칸에는 (b) has been experiencing이 적절하다.

어구 leave school during school hours 조퇴하다 see a doctor 의사의 진찰을 받다 itching 가려움 fearful 걱정하는 symptom 증상 condition 질병 experience 겪다

CHAPTER 04

1	2	3	4	5
(b)	(d)	(b)	(c)	(a)
6	7	8	9	10
(c)	(d)	(a)	(b)	(c)
11	12	13	14	15
(d)	(a)	(c)	(d)	(b)
16	17	18		
(a)	(a)	(b)		

1. 정답 **(b)**

해석 최고의 선수들은 자신의 경기에서의 약점을 확인하고 더 열심히 노력하는 공통된 행동을 보인다. 예컨대, 가냘픈 체격의 축구 선수인 Peter Crouch는 날마다 공을 드리블하는 것을 연습했다.

해설 practice는 동명사를 목적어로 취하므로 빈칸에는 (b) dribbling이 적절하다.

어구 identify 확인하다 weakness 약점
slight built 가냘픈 체격의 practice 연습하다
day in and day out 날마다

2. 정답 **(d)**

해석 한 새로운 프랑스 법률은 프랑스에게 유럽에서 가장 짧은 주당 근무시간을 주었다. 20명 이상의 종업원이 있는 회사들은 주당 39시간에서 35시간으로 근무시간을 줄이도록 요구 받는다. 하지만 독일에서는 더 길어진 주 근무시간이 곧 표준이 될 수도 있다.

해설 'require+목적어+to동사원형'이 수동태가 된 형태로 'are required+to동사원형'이 되므로 빈칸에는 (d) to cut이 적절하다.

어구 work week 주당 근무시간 require 요구하다
standard 표준

3. 정답 **(b)**

해석 치료사들은 고객이 좋아하는 것들을 그녀에게 괴로운 영역으로 가져오는 방법들을 찾아낼 수 있다. 즐거운 요소들을 골치 아픈 영역들로 도입하는 것은 고객들이 이러한 상황들에 새로운 반응들을 발전시키도록 돕는다.

해설 빈칸은 동사 helps의 주어 자리이므로 동명사인 (b) Introducing이 적절하다.

어구 therapist 치료사 domain 영역 painful 괴로운, 고통스러운 troublesome 골치 아픈
response 반응

4. 정답 **(c)**

해석 인생은 우리에게 수많은 교훈들을 제시해 줄 것인데, 당신이 그것들의 내재하는 가치에 열려 있지 않으면 그것들 중 어느 것도 유용하지 않을 것이다. 이 교훈들은 매일 나타날 것이고, 당신은 인식을 바꾸어서 그것들을 선물로 바라보게 될 필요가 있다.

해설 need는 부정사를 목적어로 취하므로 빈칸에는 (c) to change가 적절하다.

어구 present 제시하다 innumerable 수많은
inherent 내재하는 show up 나타나다
perception 인식

5. 정답 **(a)**

해석 교사로서, Greg은 문제들을 확인하고, 그리고서 그러한 문제들에 대한 해결책을 찾아내도록 훈련을 받아왔다. 그는 대학에서 그러한 문제들을 대처하는 기술과 함께 행동문제들을 확인하는 것에 관한 강의를 들은 것을 기억한다.

해설 remember는 동명사와 부정사를 모두 목적어로 취하는데, 문맥상 '강의를 들은 것을 기억한다'는 의미가 되어야 하므로 빈칸에는 (a) taking이 적절하다.

어구 train 훈련시키다 identify 확인하다 address 다루다, 대처하다

6. 정답 **(c)**

해석 만약 당신이 공항 근처에 살고 있다면, 당신은 비행기가 이륙하는데 거의 주의하지 않는다. 틀림없이, 당신은 제트기가 이륙하는 것을 듣는 것을 피할 수는 없지만, 똑같은 소리가 계속 반복된 후에는, 그것은 감각체계에 의해 중요하지 않은 것으로 걸러진다.

해설 avoid는 동명사를 목적어로 취하므로 빈칸에는 (c) hearing이 적절하다.

어구 seldom 거의 ~않는 pay attention to ~에 주의하다 take off 이륙하다 avoid 피하다 filter out 걸러내다 sensory 감각의

7. 정답 (d)

해석 축구와 다른 스포츠들은 청소년들의 자아의식을 형성하는데 기여한다. 축구는 부모의 감독에서 벗어나 남자아이들이 서로 경쟁하는 것을 허용하기 때문에 그것에 참여하는 아이들에게는 중요한 경험이 된다.

해설 allow는 'allow+목적어+to동사원형(목적보어)'의 형태로 쓰이므로, 빈칸에는 (d) to compete가 적절하다.

어구 contribute to ~에 기여하다 sense of self 자아의식 adolescent 청소년 free from ~로부터 벗어나 supervision 감독 engage in ~에 참여하다

8. 정답 (a)

해석 Robert Capa는 1931년부터 1933년까지 독일에서 사진 보조원으로 일했다. 1933년에 그는 파리로 이주했고 프리랜서 사진작가로 일하기 시작했다. 스페인 내전을 찍은 그의 사진들은 파리에서 그의 이름에 대한 관심을 불러일으켰다.

해설 begin은 동명사와 부정사를 모두 목적어로 취하는데, 선택지에 to work는 제시되지 않았으므로 정답으로 적절한 것은 (a) working이다.

어구 assistant 보조원 emigrate 이주하다 attract 불러일으키다, 끌다 attention 관심

9. 정답 (b)

해석 더 많은 돈을 벌 수 있다는 전망이 사람들이 더 많은 노력을 하도록 이끌며, 그리고 이러한 더 큰 노력이 전체 대중들에게 이득을 줄 수 있다. 그러므로 노력에 대해 보상을 하려고 하는 것은 가치가 있을 수 있다.

해설 동명사의 관용적 표현으로 be worth 다음에는 동명사가 오므로 빈칸에는 (b) trying이 적절하다.

어구 prospect 전망 lead 이끌다 effort 노력 benefit 이득을 주다 be worth ~ing ~할 가치가 있다 reward 보상하다

10. 정답 (c)

해석 북아메리카의 대부분의 사람들은 그들에게 필요한 것보다 훨씬 더 많은 물적 재화를 소유하고 있다. 외국으로 여행하는 것은 인생에 대한 시야를 넓힐 수 있는 완벽한 투자처럼 보이며, 그리고 여행에 대한 기억들은 평생 지속될 수 있다.

해설 빈칸은 명사 investment를 수식하는 자리이므로 (c) to broaden이 적절하다.

어구 own 소유하다 material goods 물적 재화 investment 투자 perspective 시야 last 지속되다 broaden 넓히다

11. 정답 (d)

해석 매년 1억 마리 이상의 동물들이 실험실에서 약물을 시험하기 위해 사용된다. 많은 경우에, 그 동물들은 고통을 견뎌야 한다. 우리는 동물 실험을 끝내기 위해 국회의원에게 편지를 쓸 것을 고려해야 한다.

해설 consider는 동명사를 목적어로 취하므로 빈칸에는 (d) writing이 적절하다.

어구 laboratory 실험실 force 강제하다 endure 참다, 견디다 consider 고려하다 representative 대표, 국회의원 end 끝내다

12. 정답 (a)

해석 Williams 교수는 문명의 몰락이 기후변화에 의해 설명될 수 있다고 말한다. 증가하는 증거에도 불구하고, 많은 사람들은 이 이론을 받아들이기를 거부하는데, 그들은 그것을 환경결정론과 동일시하기 때문이다.

해설 refuse는 부정사를 목적어로 취하므로 빈칸에는 (a) to accept가 적절하다.

어구 downfall 몰락 civilization 문명 mounting 증가하는 evidence 증거 refuse 거부하다 equate 동일시하다 environmental determinism 환경결정론

13. **정답** (c)

해석 한 West Coast 음식점은 다가오는 광고 캠페인을 위해 그래픽 디자인을 만들기를 원했다. 그들은 전문 미술가를 고용하는 대신, 직원들이 그림을 출품하도록 장려했다.

해설 빈칸은 전치사 instead of의 목적어 자리이므로 (c) hiring이 적절하다.

어구 upcoming 다가오는 encourage 장려하다 submit 제출하다 drawing 그림 instead of ～대신에 hire 고용하다

14. **정답** (d)

해석 높은 자부심을 사람들은 자신의 기술이나 능력에 자신감을 가진다. 그들은 또한 기꺼이 팀으로 일하려고 하는데, 왜냐하면 그들은 자신에 대해 확신하며, 공헌할 수 있는 기회를 가지는 것을 즐기기 때문이다.

해설 enjoy는 동명사를 목적어로 취하므로 빈칸에는 (d) getting이 적절하다.

어구 self-esteem 자부심 confidence 자신감 competence 능력 be willing to do 기꺼이 ～하다 be sure of ～을 확신하다 opportunity 기회 contribute 공헌하다, 기여하다

15. **정답** (b)

해석 클래식은 주로 우리가 연주회에서나 녹음된 상태로 듣는 것이 되었다. 클래식이 한때 일상생활의 한 부분으로 수행했던 본질적인 역할을 잊기 쉽다. 바로크 시대의 많은 고전음악은 춤을 지원하기 위해 고안되었다.

해설 가주어 it이 있고 빈칸은 진 주어자리이므로 (b) to forget이 적절하다.

어구 largely 주로 recording 녹음된 것 role 역할 design 고안하다 support 지원하다

16. **정답** (a)

해석 몇몇 국가들이 깨닫기 시작하고 있는 것처럼, 정부의 역할은 규제를 넘어선다. Trinidad는 정부가 교육에 있어서 더 적극적인 역할을 해야 한다는 교훈을 받아들여 왔다.

해설 문맥상 '정부가 더 적극적인 역할을 해야 한다'라는 의미이므로 부정사의 관용표현인 'has to부정사'가 적절하다. 따라서 (a) to play가 정답이다.

어구 realize 깨닫다 regulation 규제 take ～ to heart ～을 마음에 새기다 lesson 교훈 play a role 역할을 하다 active 적극적인

17. **정답** (a)

해석 새로운 일자리에 대해 알고 난 후, Angie는 책임자인 부사장에게 이력서를 이메일로 보냈다. 그 인사 담당 임원은 그 일의 50퍼센트가 부가 가치 서비스를 보여 줄 수 있는 문서를 작성하는 일을 포함할 것이라고 강조했다.

해설 involve는 동명사를 목적어로 취하므로 빈칸에는 (a) writing이 적절하다.

어구 resume 이력서 in charge 책임지고 있는 executive 임원 involve 포함하다 demonstrate 보여주다 value-added 부가가치의

18. **정답** (b)

해석 당신은 그것의 원주민에 대한 지식이 없이 오늘날의 라틴 아메리카를 이해하려고 하는 것을 상상할 수 있습니까? 당신은 콜롬비아의 과거와 그것이 현재를 형성하는 데 어떻게 도움을 주었는지를 이해하기 위해 시간의 통로를 거슬러 올라가는 여행을 할 것이다.

해설 빈칸 앞에 주어(You)와 자동사(will travel)가 갖춰진 완전한 문장이 있으므로 빈칸은 수식어 자리이다. 따라서 빈칸에는 (b) to understand가 적절하다.

어구 present-day 오늘날의 native 토착의, 원주민의 corridor 통로, 복도 shape 형성하다 present 현재

CHAPTER 05

1	2	3	4	5
(d)	(b)	(b)	(c)	(a)
6	7	8	9	10
(d)	(c)	(b)	(a)	(d)
11	12	13	14	15
(d)	(a)	(c)	(d)	(a)
16	17	18		
(c)	(c)	(a)		

1. 정답 (d)

해석 한 새로운 동물 연구에 따르면, 근육은 처음에는 강화되거나 바뀌지 않지만, 신경체계는 그렇다. 그 연구는, 원숭이가 턱걸이를 하는 것을 포함했는데, 근력운동이 우리 대부분이 생각할 수 있었던 것보다 생리적으로 더 복잡하다는 것을 시사한다.

해설 선행사가 사람이 아닌 The study이고, 그 뒤에 쉼표(,)가 있으므로, 빈칸에는 (d) which involved monkeys performing pull-ups가 적절하다.

어구 strengthen 강화되다 nervous 신경의 strength training 근력운동 physiologically 생리적으로 intricate 복잡한

2. 정답 (b)

해석 학업의 노력에 관한 교사의 요구와는 달리, 축구는 즉각적인 인정과 지위라는 보상을 가져다준다. 물론 이것은 일반적으로 어른들에 의해 통제되는 고등학생들에게 엄청나게 중요하다.

해설 선행사가 사람인 high school students이고, 관계절 안에 동사 are controlled의 주어 역할을 주격 관계대명사가 필요하므로, 빈칸에는 who가 이끄는 (b)가 적절하다.

어구 concerning ~에 관하여 scholastic 학업의 immediate 즉각적인 recognition 인정 status 지위 immense 엄청난 control 통제하다

3. 정답 (b)

해석 식물은 적절하게 자라고 발육하려면 금속을 필요로 한다. 구리나 아연과 같은 다른 금속들은 중요한 효소들의 활동에 필수적이다. 하지만 그런 금속들을 고농도로 함유한 토양은 보통 극히 유독하다.

해설 선행사가 사람이 아닌 soils이고, 관계사절 안에 동사 contain의 주어 역할을 주격 관계대명사가 필요하므로, 빈칸에는 that이 이끄는 (b)가 적절하다.

어구 properly 적절하게 such as ~와 같은 essential 필수적인 vital 중요한 enzyme 효소 soil 흙, 토양 extremely 극히 toxic 유독한 contain 함유하다 concentration 농도

4. 정답 (c)

해석 운동은 일련의 효소 작용을 유발한다. 체중 감량을 촉진할 수 있는 규칙적인 운동은 또한 콜레스테롤을 낮출 것이다. 상당한 감소가 이루어지기 전에 적어도 12주의 운동이 필요하다는 것을 주의하는 것이 중요하다.

해설 선행사가 사람이 아닌 Regular exercise이고, 그 뒤에 쉼표(,)가 있으므로, 빈칸에는 (c) which can promote weight loss가 적절하다.

어구 set off 유발하다 a series of 일련의 enzymatic 효소의 lower 낮추다 note 주의하다 at least 적어도 require 필요로 하다 reduction 감소 promote 촉진하다

5. 정답 (a)

해석 모든 행사는 회사의 레크리에이션 구역에서 개최됩니다. 우리가 여러분이 흥미를 가진 어떠한 활동이라도 빠뜨렸다면, Jenkins씨에게 7월 22일, 수요일까지 알려주십시오. 여러분이 참가하셔서 우리가 이 행사를 성공적으로 만드는 것을 돕기를 바랍니다.

해설 선행사가 사람이 아닌 any activities이고, 관계대명사절에는 불완전한 절이 와야 하므로 빈칸에는 (a) that you might be interested in이 적절하다.

어구 take place 개최되다, 열리다 leave out ~을 빼다, 빠뜨리다 participate 참가하다 be interested in ~에 흥미를 가지다

6. 정답 (d)

해석 긴 이집트 역사의 대부분 동안 어떠한 화폐도 존재하지 않았다. 따라서 정해진 가격에 물품들을 교환하기보다는, 필수품은 대개 사용자에 의해 만들어졌다. 청동 쟁기날은, 보통 가정집에서 만들 수 없었으며, 물물교환으로 획득되었다.

해설 선행사가 사람이 아닌 Bronze plow blades이고, 그 뒤에 쉼표(,)가 있으며, 관계사절 안에 동사 could not be made의 주어 역할을 주격 관계대명사가 필요하므로, 빈칸에는 which가 이끄는 (d)가 적절하다.

어구 currency 화폐, 통화 commodity 물품 essential goods 필수품 bronze 청동(의) plow 쟁기 blade 날 secure 획득하다 barter 물물교환

7. 정답 (c)

해석 Henry는 영화관에 영화를 대여해 주는 회사의 영화 배달원이었다. 후에 그는 Hollywood에 가기로 결정했고, 그곳에서 Universal Studios의 일자리를 얻었다. 이 분야에서의 경험은 그가 영화를 감독할 수 있는 문을 열어주었다.

해설 선행사가 사람이 아닌 Hollywood이고, 그 뒤에 쉼표(,)가 있으며, 'he got a job at Universal Studios'가 완전한 절이므로 빈칸에는 관계부사 where가 이끄는 (c)가 적절하다.

어구 film 영화, 필름 carrier 배달원 sphere 영역, 분야 direct 감독하다

8. 정답 (b)

해석 너는 틀림없이 Hannah를 좋아할 것이다. 너처럼, 그녀는 외국에 여행하고 새로운 문화를 배우는 것을 즐긴다. 그녀는 또한 내가 지난달에 요리 수업을 같이 들었던 여성이다.

해설 선행사가 사람인 the woman이고, 관계대명사절에는 불완전한 절이 와야 하므로 빈칸에는 (b) whom I took a cooking class with가 적절하다.

어구 no doubt 틀림없는 take a class 수업을 듣다

9. 정답 (a)

해석 로봇 테디 베어 Huggable은 어린이와 노인들을 위한 친구로 만들어졌다. Huggable은 온도와 힘을 측정할 수 있는 2,000개의 센서를 가지고 있다. 무릎 위에 놓으면, 그것은 비디오카메라 눈으로 당신을 올려다보고 당신의 팔에 코를 비빈다.

해설 선행사가 사람이 아닌 two thousand sensors이고, 관계대명사절에는 불완전한 절이 와야 하므로, 빈칸에는 (a) that can measure temperature and force가 적절하다.

어구 companion 친구 lap 무릎 nuzzle 코를 비비다 measure 측정하다

10. 정답 (d)

해석 제 50회 연례 Danson 과학 박람회가 3월 16일부터 20일까지 Walker 대학에서 열릴 것이다. 그 박람회는, 매년 3천명 이상의 학생들을 끌어들이며, 학생 교육의 중요한 부분으로서 과학과 공학을 장려한다.

해설 선행사가 사람이 아닌 The fair이고, 그 뒤에 쉼표(,)가 있으므로, 빈칸에는 (d) which draws over 3,000 students가 적절하다.

어구 annual 연례의 fair 박람회 take place 열리다, 일어나다 promote 촉진하다, 장려하다 engineering 공학 draw 끌다, 유치하다

11. 정답 (d)

해석 Kate는 아이였을 때, Tumon 해변 가까이에 있는 집에 살았다. 그녀가 뉴욕으로 이사 간 이래로 그곳은 상당히 바뀌었다. 그 해변은, 그녀가 산책을 하곤 했는데, 지금은 인기 있는 관광지이다.

해설 선행사가 장소명사인 The beach이고, 그 뒤에 쉼표(,)가 있으며, 'she used to take a walk'가 완전한 절이므로 빈칸에는 관계부사 where가 이끄는 (d)가 적절하다.

어구 considerably 상당히 tourist spot 관광지 used to do ~하곤 했다

12. 정답 (a)

해석 가장 유명한 19세기 여성 작가들 중 몇 명은 작품을 창작해내기 위해 정서적 어려움을 극복해야만 했다. Louisa May Alcott는, 자신의 책인 '작은 아씨들'의 판매로 생계를 유지할 수 있었는데, 우울증과 불안에 시달렸다.

해설 선행사가 사람인 Louisa May Alcott이고, 그 뒤에 쉼표(,)가 있으므로, 빈칸에는 (a) who could support herself가 적절하다.

어구 have to do ~해야만 하다 overcome 극복하다 produce 만들다, 창작하다 plague 괴롭히다 depression 우울증 support oneself 자활하다, 생계를 유지하다

13. 정답 (c)

해석 당신만의 깨끗하고 안락한 방을 찾고 있나요? 최근에 지어져, 입주 전인 이 원룸 스타일의 아파트에 한번 살아보지 않겠습니까? 대중교통과 주요쇼핑센터를 손쉽게 이용할 수 있습니다.

해설 선행사가 사람이 아닌 this studio-style apartment이고, 관계사절 안에 동사 is newly constructed의 주어 역할을 주격 관계대명사가 필요하므로, 빈칸에는 which가 이끄는 (c)가 적절하다.

어구 look for ~을 찾다 studio-style 원룸 스타일의 accessible 이용할 수 있는 construct 짓다, 건설하다

14. 정답 (d)

해석 거의 70%의 의과대학이 일부 유형의 대체의학을 가르치고 있다. 처음 시카고에 이주한 1988년까지, 나는 대체의학에 대해 거의 알지 못했다. 하지만 스스로 대체 방법들을 연구하면서, 나는 대체의학에 대한 신봉자가 되었다.

해설 선행사가 시간명사인 1988년이고, 그 뒤에 쉼표(,)가 있으며, 'I first moved to Chicago'가 완전한 절이므로 빈칸에는 관계부사 when이 이끄는 (d)가 적절하다.

어구 medical school 의과대학 alternative medicine 대체의학 believer 신봉자

15. 정답 (a)

해석 음악은 영화의 범위를 알려주며, 영화가 서사극인지 아니면 더 사적인 범위에 있는 이야기인지를 효과적으로 전달한다. 음악은 공간의 특성과 크기를 전달할 수 있는데, 이를 Kruger는 "공간의 깊이"라고 지칭한다.

해설 선행사가 사람이 아닌 the quality and size of a space이며 뒤에 쉼표(,)가 있으므로 빈칸에는 (a) which Abby refers to as "depth in space." 가 적절하다.

어구 convey 전달하다, 알리다 scope 범위 communicate 전달하다 motion picture 영화 epic drama 서사극 scale 규모, 범위 quality 특성 refer to 지칭하다, 언급하다

16. 정답 (c)

해석 Stephanie는 한국에 새로 와서 아직 열차 시간표에 익숙하지 않다. 그래서 그녀는 부산으로 가는 열차를 놓쳐 버렸다. 그가 탈 예정이었던 KTX 열차는 그가 서울역에 도착했을 때 이미 출발했었다.

해설 선행사가 사람이 아닌 The KTX train이고, 관계사절 안에 동사 take의 목적어의 역할을 목적격 관계대명사가 필요하므로, 빈칸에는 that이 이끄는 (c)가 적절하다.

어구 new 새로 온 be accustomed to ~에 익숙하다 be supposed to do ~하기로 되어 있다

17. 정답 (c)

해석 Andrea는 항상 뛰어나고 지적인 남자들에게 끌렸다. 그래서 그녀가 결혼하기를 원하는 그 남자가 하버드 대학을 우등으로 졸업한 것은 그녀의 가족에게 놀라운 일이 아니었다.

해설 선행사가 사람인 the man이고, 관계대명사절에는 불완전한 절이 와야 하므로 빈칸에는 (c) whom she wanted to marry가 적절하다.

어구 attract 끌다, 매료하다 brilliant (재능이) 뛰어난 intelligent 지적인, 똑똑한 come as no surprise 놀라운 일이 아니다 with honors 우등으로

18. **정답** (a)

해석 절약이라는 개념은 보다 풍요로운 화폐 문화로부터 생겨났다. 자원이 계속해서 부족했던 전통적인 사회에서는, 소비가 더욱 계절과 공동체 중심이었다. 농작물이 풍부한 해에는 마음껏 먹었고, 수확이 적은 해에는 굶주렸다.

해설 선행사가 사람이 아닌 traditional societies이고, 'resources continued to be scarce'가 완전한 절이므로 빈칸에는 관계부사 where가 이끄는 (a)가 적절하다.

어구 concept 개념 thrift 절약 emerge 생겨나다 affluent 풍요로운 communally 공동으로 plentiful 풍부한 lean 수확이 적은 continue to do 계속 ~하다 scarce 부족한

CHAPTER 06

1	2	3	4	5
(c)	(a)	(c)	(d)	(c)
6	7	8	9	10
(d)	(b)	(b)	(a)	(d)
11	12	13	14	15
(a)	(b)	(d)	(c)	(b)
16	17	18		
(a)	(c)	(d)		

1. **정답** (c)

해석 국회가 가게들이 비닐봉지를 사용하는 것을 막는 새로운 법을 통과시켰다. 구입품을 집으로 가져가기 위해서는, 소비자들은 새로운 법률에 따라 자신의 가방을 가져와야 한다.

해설 문맥상 '새로운 법률에 따라 소비자들이 자신의 가방을 가져와야 한다'는 의미가 되어야 자연스러우므로 빈칸에는 (c) must가 적절하다.

어구 congress 국회 prevent 막다 plastic bag 비닐봉지 in accordance with ~에 따라

2. **정답** (a)

해석 사무실 리모델링 사업의 일환으로, 이번 달에 모든 회의실이 페인트칠을 하기로 예정되어 있습니다. 우리는 구내식당이 매일 아침 12시 이전에 회의를 위해 이용할 수 있을 것이라는 것을 확인했습니다.

해설 문맥상 '회의를 위해 이용할 수 있을 것이다'라는 의미가 되어야 자연스러우므로 빈칸에는 미래/예정을 의미하는 (a) will이 적절하다.

어구 conference room 회의실 scheduled 예정된 confirm 확인하다 cafeteria 구내식당 available 이용할 수 있는

3. 정답 (c)

해석 때때로, 언론의 자유는 남용된다. 사실은 신성한 것이라는 주장에 따라 행동하면서, 기자들은 사적인 삶에 대해 세부적인 것을 발표함으로써 개인들에게 말로 다할 수 없는 고통을 야기할 수 있다.

해설 문맥상 '고통을 야기할 수 있다'는 의미가 되어야 자연스러우므로 빈칸에는 능력/가능을 나타내는 (c) can이 적절하다.

어구 abuse 남용하다 act on ~에 따라 행동하다 contention 주장 sacred 신성한 untold 말로 다할 수 없는 publish 발표하다, 게재하다 detail 세부적인 것

4. 정답 (d)

해석 우리는 방문객들이 박물관을 관람하는 방식에 대해 매우 엄격한 규정을 가지고 있습니다. 우선, 여러분은 박물관에 전시된 예술품들에 손대지 말아야 하는데, 왜냐하면 그것들은 쉽게 손상될 수 있기 때문입니다.

해설 문맥상 '전시된 예술품들에 손대지 말아야 한다'는 의미가 되어야 자연스러우므로 빈칸에는 의무를 나타내는 (d) should가 적절하다.

어구 strict 엄격한 regulation 규정 artwork 예술품, 공예품 display 전시하다 damage 손상시키다

5. 정답 (c)

해석 Carol은 자기 학교 학부모의 밤 행사에서 강연을 하고 있었다. 그녀는 농담으로 시작하기로 결정했다. 유감스럽게도, 그녀는 어른 청중들은 자기의 친구들과는 꽤 다를 수 있다는 것을 잊었다. 농담을 마쳤을 때, 냉랭한 침묵이 있었다.

해설 문맥상 '어른 청중들은 자기의 친구들과는 꽤 다를 수 있다'는 의미가 되어야 자연스러우므로 빈칸에는 추측/가능의 의미를 나타내는 (c) might가 적절하다.

어구 give a talk 강연하다 unfortunately 유감스럽게도 complete 끝내다 stony silence 냉랭한 침묵

6. 정답 (d)

해석 대부분의 사람들은 회의를 준비하는 데 너무 적은 시간을 쓴다. 회의에 들어가면, 그들은 아무것도 할 수 없다는 것을 알게 되고, 회의에 앞서 다뤄졌어야 했던 것들을 하느라 시간이 낭비된다.

해설 문맥상 '회의에 앞서 다뤄졌어야 했던'이라는 의미가 되어야 자연스러우므로 'should have p.p.'가 적절하다. 따라서 빈칸에는 (d) should가 정답이다.

어구 preparation 준비 tie 묶다 handle 다루다

7. 정답 (b)

해석 만연된 게으름과 우리 도시에서의 높은 범죄율은 주로 우리가 상시고용을 제공하는 어떠한 공장도 가지고 있지 않기 때문이다. 우리가 현재의 범죄문제를 없애기를 원한다면, 우리는 우리의 도시를 제조업의 중심지로 만들려고 노력해야 한다.

해설 문맥상 '범죄문제를 없애기를 원하면 도시를 제조업의 중심지로 만들려고 노력해야 한다'는 의미가 되어야 자연스러우므로 빈칸에는 (b) must가 적절하다.

어구 regular employment 상시고용 do away with ~을 없애다 delinquent 범죄의 endeavor 노력하다 manufacturing 제조업

8. 정답 (b)

해석 Steve는 이미 집에서 출발했고, 토트넘 홋스퍼 스타디움으로 가는 중이다. 그의 집이 그 스타디움과 얼마나 가까운지를 고려해보면, 나는 그가 경기 시작에 맞춰 그곳에 도착할 것을 확신한다.

해설 문맥상 '그곳에 도착할 것을 확신한다'는 의미가 되어야 자연스러우므로 빈칸에는 미래/예정을 나타내는 (b) will이 적절하다.

어구 on one's way to ~로 가는 중인 considering ~을 고려하면 close 가까운 in time for ~에 시간 맞춰

9. 정답 (a)

해석 우리는 그 식당의 메뉴의 매우 다양한 선택의 폭에 항상 만족한다. 일상적인 이탈리아 요리 외에도 우리는 또한 유럽의 다른 지역의 특별한 요리들을 주문할 수 있다.

해설 문맥상 '특별한 요리들을 주문할 수 있다'는 의미가 되어야 자연스러우므로 빈칸에는 능력/가능을 나타내는 (a) can이 적절하다.

어구 pleased 만족해하는 apart from ~외에도 cuisine 요리 dish 요리, 음식

10. 정답 (d)

해석 우리는 신호의 힘에 대한 이상한 믿음을 가지고 있다. 사실은, 도로 위의 차선이나 공중에 있는 교통 신호등은 도시가 고소당하는 것을 막을지도 모르지만, 운전자가 잘못된 행동을 하는 것을 막기 위해서는 아무것도 하는 것이 없다.

해설 'may ~ but' 구문으로 문맥상 '도시가 고소당하는 것을 막을지도 모르지만'이라는 의미가 되어야 자연스러우므로 빈칸에는 추측/가능의 의미를 나타내는 (d) may가 적절하다.

어구 signal 신호 keep A from ~ing: A가 ~하는 것을 막다 get sued 고소당하다 prevent A from ~ing: A가 ~하는 것을 막다 misbehave 나쁜 행동을 하다

11. 정답 (a)

해석 오늘 아침 난로에 불을 붙이려고 문을 열었을 때, 나는 Wendy가 가로등 아래서 책을 읽고 있는 것을 발견했다. 그녀의 어깨가 서리로 덮여 있었기 때문에, 그녀는 밤새 거기에 있었던 게 분명했다.

해설 문맥상 'must have p.p.'의 형태로 과거 사실에 대한 확신이 되어야 자연스러우므로 빈칸에는 (a) must가 적절하다.

어구 light 불을 붙이다 streetlight 가로등 be covered with ~로 덮여있다 frost 서리

12. 정답 (b)

해석 사람들은 카펫 위를 걸어 다니고 그것을 보는 것을 원하지, 그것을 소유하기를 원하지 않는다. 만일 회사가 카펫을 소유하고 그것을 좋은 상태로 유지하는 책임을 계속 진다면, 그들은 훨씬 더 적은 비용으로 그런 서비스를 얻을 수 있다.

해설 문맥상 '그런 서비스를 얻을 수 있다'는 의미가 되어야 자연스러우므로 빈칸에는 능력/가능을 나타내는 (b) can이 적절하다.

어구 own 소유하다 obtain 얻다 cost 비용 responsible 책임지는 in good shape 상태가 좋은

13. 정답 (d)

해석 Seattle 동물 보호소는 Wallingford Senior Center에서 유기 동물을 위한 특별 분양 행사를 주최합니다. 6월 7일 금요일에, 입양인들은 그들이 선택한 동물의 입양비용을 결정하고 낼 수 있을 것입니다.

해설 문맥상 '입양비용을 결정하고 낼 수 있을 것이다'는 의미가 되어야 자연스러우므로 빈칸에는 미래/예정을 나타내는 (d) will이 적절하다.

어구 host 주최하다 adoption 입양 homeless animal 유기동물 fee 요금

14. 정답 (c)

해석 모든 범죄에서, 형사들은 그 현장으로부터 증거의 샘플들을 수집한다. 20년 전 많은 사건에서, 경찰들은 체액과 같은 중요한 증거를 항상 확인할 수는 없었다. 이러한 경우, 그들은 냉장고에 그 증거를 저장했다.

해설 문맥상 '중요한 증거를 항상 확인할 수는 없었다'는 의미가 되어야 자연스러우므로 빈칸에는 능력/가능을 의미하는 (c) could가 적절하다.

어구 detective 형사 evidence 증거 identify 확인하다 body fluid 체액 store 저장하다 freezer 냉장고

15. 정답 (b)

해석 대부분의 사람들은 칭찬이 아이들의 자신감을 확립시켜 주고 그들이 안심하게 한다고 믿는다. 실제로는, 칭찬은 나쁜 행동을 야기할지도 모르는데, 왜냐하면 자기가 갖고 있는 자기 자신에 대한 모습은 상당히 다르기 때문이다.

해설 문맥상 '나쁜 행동을 야기할지도 모른다'는 의미가 되어야 자연스러우므로 빈칸에는 추측/가능의 의미를 나타내는 (b) may가 적절하다.

어구 build up 확립하다 confidence 자신감 feel secure 안심하다 result in ~을 야기하다 tension 긴장 misbehavior 나쁜 행동

16. 정답 (a)

해석 Andrew는 약속을 지켜야하기 때문에, 오늘 출근하지 않을 것이다. 그의 딸의 일곱 번째 생일인데, Andrew는 그녀를 놀이공원에 데려갈 것을 약속했다.

해설 문맥상 '놀이공원에 데려갈 것을 약속했다'는 의미가 되어야 자연스러우므로, 빈칸에는 주어의 의지를 나타내는 (a) will이 적절하다.

어구 turn up for work 출근하다 keep one's word 약속을 지키다 take 데리고 가다

17. 정답 (c)

해석 자유주의자들은 정치와 경제를 분리된 활동 영역으로 보는 경향이 있다. 그들은 정부의 역할이 개인들이 그들의 경제적 선호를 자유롭게 표현할 수 있는 개방적 환경을 만드는 것에 국한되어야 한다고 믿는다.

해설 문맥상 '개방적 환경을 만드는데 국한되어야 한다'는 의미가 되어야 자연스러우므로 빈칸에는 의무를 나타내는 (c) should가 적절하다.

어구 tend to do ~하는 경향이 있다 separate 분리된 be limited to ~에 국한되다 express 표현하다 preference 선호

18. 정답 (d)

해석 올림픽 경기를 주최하는 것은 대규모 건설 프로젝트를 수반한다. 비록 Pierre de Coubertin은 순수한 아마추어 경기이라는 이상적인 생각을 가지고 있었을지 모르지만, 올림픽 경기는 하나의 큰 사업이 되었다.

해설 문맥상 '이상적인 생각을 가지고 있었을 지도 모른다'는 의미가 되어야 자연스러우므로 빈칸에는 추측/가능의 의미를 나타내는 (d) might가 적절하다.

어구 host 주최하다 involve 수반하다 competition 경기 notion 생각

1	2	3	4	5
(a)	(c)	(a)	(b)	(c)
6	7	8	9	10
(d)	(d)	(d)	(b)	(b)
11	12	13	14	15
(a)	(a)	(c)	(d)	(b)
16	17	18		
(c)	(a)	(b)		

1. 정답 (a)

해석 Gilbert는 뉴욕시에 있는 한 투자은행의 일자리 제안을 거절했다. 그는 현재의 일자리에 만족하고 있고 자신의 여자 친구를 떠나고 싶어 하지 않는다. 게다가 그가 좋은 집을 찾으려면 대출을 해야 할 것이다.

해설 빈칸 앞 문장은 Gilbert가 일자리 제안을 거절한 이유를 말하고, 뒤 문장 또한 거절한 이유에 대한 추가적 내용이므로 빈칸에는 (a) Moreover가 적절하다.

어구 turn down 거절하다 offer 제안 investment 투자 current 현재의 take out loans 대출하다

2. 정답 (c)

해석 때때로 우리의 과거의 일정한 시대나 사건들은 거의 관심을 받지 못한다. 이것은 그 대상이 논란을 일으키거나 수치스럽기 때문일 수 있으며, 우리는 그것들을 직면하기를 꺼리게 된다.

해설 문맥상 '과거의 일정한 시대나 사건들이 관심을 받지 못하는 것은 그 대상이 논란을 일으키거나 수치스럽기 때문'이라고 해야 자연스러우므로 빈칸에는 (c) because가 적절하다.

어구 era 시대 past 과거 attention 관심 subject 대상, 주제 controversial 논란을 일으키는 shameful 수치스러운 reluctant 꺼리는 face 직면하다

3. 정답 (a)

해석 작곡가 겸 프로듀서인 Grace는 자신의 두 번째 앨범에 대해 받은 논평에 매우 만족해한다. 사실, 한 음악 평론가는 심지어 그녀의 앨범이 너무 잘 만들어져서 많은 프로듀서들의 작품보다 훨씬 뛰어나다고 말했다.

해설 빈칸 앞 문장은 Grace의 앨범이 좋은 평가를 받았다고 말하고, 뒤 문장은 이를 강조하여 부연 설명하는 내용이므로 빈칸에는 (a) In fact가 적절하다.

어구 composer 작곡가 pleased 만족해하는, 기뻐하는 comment 논평 critic 평론가 outclass ~보다 훨씬 뛰어나다

4. 정답 (b)

해석 과시는 품질에 대한 신뢰할 만한 자랑이 될 수 있다. 이것의 좋은 사례는 공작의 꼬리이다. 그것은 낭비적인 과시처럼 보이지만, 그 화려한 꼬리는 사실 수컷이 건강하다는 것을 보여주는 목적이 있다.

해설 문맥상 낭비적인 과시처럼 보이지만, 수컷이 건강하다는 것을 보여주는 목적이 있다는 내용이므로 빈칸에는 (b) Although가 적절하다.

어구 ostentation 과시 credible 믿을만한 boast 자랑 quality 품질, 자질 peacock 공작 wasteful 낭비적인 display 과시, 전시 showy 화려한 purpose 목적

5. 정답 (c)

해석 감정은 진화의 역사에서 중요한 역할을 했으며 우리가 생존하는데 도움을 주었다. 예컨대, 곰팡이가 핀 음식을 제공되었을 때 사람의 얼굴의 혐오감을 봄으로써 우리는 위험한 것을 먹는 것을 피할 수가 있었다.

해설 빈칸 앞 문장에서 감정이 우리의 생존에 도움을 주었다고 말하고, 뒤 문장에서 혐오감이 위험한 것을 먹는 것을 피할 수 있었다고 말하고 있으므로 '예시'라고 할 수 있다. 따라서 빈칸에는 (c) For instance가 적절하다.

어구 play a part in ~에서 역할을 하다 evolutionary 진화의 disgust 혐오감 present 제공하다 moldy 곰팡이가 핀 avoid 피하다

6. 정답 (d)

해석 Jackson Pollock은 예술 작품은 독립된 대상으로 감상되어야 한다고 주장했다. 그는 관객들이 주제보다 채색에 초점을 두도록 작품들에 제목 대신 숫자를 붙이기 시작했다.

해설 문맥상 '관객들이 주제보다 채색에 초점을 두도록'이라는 목적의 의미가 되어야 하므로 빈칸에는 (d) so that가 적절하다.

어구 claim 주장하다 appreciate 감상하다 independent 독립된 object 대상 title 제목 focus on ～에 초점을 두다 paint 채색 subject 주제

7. 정답 (d)

해석 상품 목록과 가격 목록을 살펴본 후, 우리는 많은 품목들에 대한 좋은 주문을 얻을 수 있다는 것을 전혀 의심하지 않습니다. 하지만, 우리는 귀하가 현금결제 방식을 채택함으로써 귀하 자신과 우리 모두를 불리하게 하고 있다고 생각합니다.

해설 빈칸 앞 문장은 우리는 좋은 주문을 얻을 수 있다는 것에 전혀 의심을 하지 않는다고 말하고, 뒤 문장에서는 현금 결제 방식은 모두를 불리하게 하고 있다고 말하므로, 서로 대조를 이루고 있다. 따라서 빈칸에는 (d) However가 적절하다.

어구 have no doubt 전혀 의심하지 않다 obtain 얻다 at a disadvantage 불리한 입장에 있는 adopt 채택하다 cash settlement 현금결제

8. 정답 (d)

해석 Harry Truman은 대통령직에 자격이 매우 부족하다고 여겨졌다. 하지만 그의 부족한 경험에도 불구하고, Truman은 아주 강력한 대통령이 되었다. 독서가 그에게 세계 문제에 관해 필요한 통찰력을 제공해 주었다.

해설 '그의 부족한 경험에도 불구하고' 강력한 대통령이 되었다가 되어야 문맥상 자연스러우므로 빈칸에는 (d) Despite가 적절하다.

어구 poorly qualified 자격이 부족한 experience 경험 required 필요한 insight 통찰력

9. 정답 (b)

해석 관리자들은 관리하기 복잡하다는 이유로 탄력 근무제에 대해 불평을 한다. 그럼에도 불구하고, 연방정부 근로자들의 생산성과 업무 만족도는 정부가 탄력 근무제를 시행한 이후로 빠르게 올라갔다.

해설 '관리자들이 탄력 근무제에 대해 불평하지만 그럼에도 근로자들의 생산성과 만족도가 올라갔다'라는 의미가 되어야 문맥상 자연스럽다. 따라서 빈칸에는 (b) Nonetheless가 적절하다.

어구 complain 불평하다 flexible work schedule 탄력 근무제 complicated 복잡한 productivity 생산성 implement 시행하다

10. 정답 (b)

해석 가끔, 우리 대부분은 몇몇 부정적인 생각을 인간관계의 심각한 문제로 잘못 판단한다. 그러한 생각들을 떨쳐버리기보다는, 마치 파트너가 진짜 문제인 것처럼, 파트너에 대해 스스로 만들어낸 실망을 가지게 된다.

해설 문맥상 '부정적인 생각들을 떨쳐버리기보다는'이 되어야 자연스러우므로 빈칸에는 (b) Rather than이 적절하다.

어구 at times 가끔, 때로는 mistake 오해하다, 잘못 판단하다 dismiss 떨쳐버리다 self-created 스스로 만들어낸 frustration 실망, 불만 as if 마치 ～처럼

11. 정답 (a)

해석 Sally의 새 강아지는 낯선 환경을 두려워했고 몇 주를 집안 여기저기를 숨어서 보냈다. 마침내, 그 강아지는 그 집에 익숙해졌고 Sally의 소파에 앉기 시작했다.

해설 강아지가 낯선 환경을 두려워하다가 '마침내' 익숙해져서 소파에 앉기 시작했다는 내용이므로 빈칸에는 (a) Eventually가 적절하다.

어구 puppy 강아지 scared 두려워하는 hide 숨다 become used to ～에 익숙해지다

12. 정답 (a)

해석 소망이 있는 사람들은 몇몇 특성을 공통으로 가진다. 그들은 충고를 위해 친구에게 의지한다. 그들은 어려운 상황에 직면할 때마다, 그들은 뒷걸음질하지 않고 대신에 그들은 해결책을 찾는 경향이 있다.

해설 문맥상 '어려운 상황에 직면할 때마다'라고 해야 자연스러우므로 빈칸에는 (a) Whenever가 적절하다.

어구 trait 특성 have ~ in common 공통으로 ~을 가지다 turn to ~에게 의지하다 step backward 뒷걸음지다 tend to do ~하는 경향이 있다 search for ~을 찾다

13. 정답 (c)

해석 한 지역을 위한 활동에 대한 평판과 역사의 존재는 행사의 경제적 성공 또는 실패에 중요한 영향을 미칠 수 있다. 다시 말해서, 행사들은 진공 상태에서 발생하지 않으며 기존의 맥락에 의존한다.

해설 앞 문장에서 평판과 역사의 존재가 행사의 성공 또는 실패에 영향을 준다고 말하고, 뒤 문장은 행사들은 진공상태에서 일어나는 것이 아니라 기존의 맥락에서 일어난다고 말하면서 앞 문장을 부연 설명하므로 빈칸에는 (c) in other words가 적절하다.

어구 reputation 평판 effect 영향 take place 일어나다 vacuum 진공 existing 기존의 context 맥락

14. 정답 (d)

해석 대학생들은 충분한 잠을 자지 않는 집단 중 하나를 대표한다. 2001년의 한 연구에 의하면, 73퍼센트는 적어도 가끔의 수면 문제를 겪은 반면에, 대학생의 11퍼센트만이 지속적으로 잠을 잘 잤다.

해설 11퍼센트의 학생과 73퍼센트의 학생의 차이를 비교하고 있으므로 빈칸에는 '반면에'라는 의미의 접속사인 (d) while이 적절하다.

어구 represent 대표하다 population 주민, 집단 consistently 지속적으로, 일관하여 experience 겪다 at least 적어도 occasional 가끔의

15. 정답 (b)

해석 새끼 새들은 둥지 속에서 그들의 부모로부터 먹이를 공급받는다. 각각의 새끼가 지르는 소리의 크기는 그가 얼마나 배가 고픈가에 비례한다. 따라서, 부모가 항상 가장 크게 소리를 지르는 새끼에게 먹이를 준다면, 새끼들은 모두 공평한 몫을 받게 될 것이다.

해설 앞 문장에서 새끼가 지르는 소리는 배가 고픈 정도에 비례한다고 말하고, 뒤 문장에서 부모가 가장 크게 소리를 지르는 새끼에게 먹이를 주면 공평하게 될 것이라고 말하고 있으므로, 앞 뒤 연결은 인과 관계라고 할 수 있다. 따라서 빈칸에는 (b) Therefore가 적절하다.

어구 feed 먹이를 주다 loudness 소리의 크기 scream 소리를 지르다 proportional 비례하는 fair 공평한 share 몫

16. 정답 (c)

해석 반드시 여러분과 함께 산책하는 것을 아주 좋아하고 다루기가 너무 힘들지 않은 종을 선택하도록 하라. 몸집이 더 큰 개들은 좋은 산책 동반자가 될 수 있으나, 잘 훈련되지 않으면 결국 그들은 여러분을 길을 따라 끌고 가게 될 것이다.

해설 문맥상 '잘 훈련되지 않으면'이라고 해야 자연스러우므로 빈칸에는 (c) unless가 적절하다.

어구 make sure 반드시 ~하다 breed 종 handle 다루다 end up ~ing 결국 ~하다 drag 끌고 가다

17. 정답 (a)

해석 맛과 냄새는 밀접하게 관련되어 있다. 사람들은 맛이라고 생각하는 것이 냄새의 문제인 경우가 더 많다는 것을 알고서 놀란다. 감기에 걸리면 줄어든 후각 때문에 음식은 맛을 잃는다.

해설 '감기에 걸리면 줄어든 후각 때문에' 음식이 맛을 잃는다가 되어야 문맥상 자연스러우므로 빈칸에는 (a) because of가 적절하다.

어구 intimately 밀접하게 flavor 맛 cold 감기 diminished 줄어든

18. 정답 **(b)**

해석 '레드오션'은 오늘날 이미 존재하고 있는 시장을 가리킵니다. 레드오션에서, 회사들은 기존의 수요의 더 큰 몫을 얻기 위해 경쟁하며, <u>그리고</u> 이것이 관련된 모두의 수익성과 성장에 대한 가능성을 줄인다.

해설 빈칸 앞 문장과 뒤 문장이 대등하게 연결되어 있으며, 문맥상 '그리고'가 자연스러우므로 빈칸에는 (b) and가 적절하다.

어구 indicate 가리키다, 나타내다 be in existence 존재하다 compete 경쟁하다 share 몫 reduce 줄이다 prospect 가능성